COLECCIÓN POPULAR

701

SOL JAGUAR

Traducción

MARIANO SÁNCHEZ VENTURA
VÍCTOR ALTAMIRANO
MARTINA FERNÁNDEZ POLCUCH

Sol jaguar

ANTOLOGÍA DE CUENTOS SOBRE MÉXICO

ALBERTO MANGUEL

(compilador)

FONDO DE CULTURA ECONÓMICA

Primera edición, 2010

Manguel, Alberto (comp.)
    Sol jaguar. Antología de cuentos sobre México / comp. y pról.
de Alberto Manguel ; trad. de Mariano Sánchez Ventura, Víctor
Altamirano, Martina Fernández Polcuch. — México : FCE, 2010
    285 p. ; 17 × 11 cm — (Colec. Popular ; 701)
    ISBN 978-607-16-0402-6

    1. Cuento mexicano 2. Literatura mexicana — Siglo XX 3.
Literatura mexicana — Escritores extranjeros I. Sánchez Ventura,
Mariano, tr. II. Altamirano, Víctor, tr. III. Fernández Polcuch,
Martina, tr. IV. Ser. V. t.

LC PQ7297   Dewey M863 M328s

Distribución mundial

Véase la sección "Créditos" al final del libro

Diseño de portada: Laura Esponda Aguilar

D. R. © 2010, Fondo de Cultura Económica
Carretera Picacho-Ajusco, 227; 14738, México, D. F.
Empresa certificada ISO 9001: 2008

Comentarios: editorial@fondodeculturaeconómica.com
www.fondodeculturaeconomica.com
Tel. (55) 5227-4672; fax (55) 5227-4694

ISBN 978-607-16-0402-6

Impreso en México • *Printed in Mexico*

ÍNDICE

UN ESTADO DE ÁNIMO
Cuentos mexicanos de escritores extranjeros

> México es un estado de ánimo.
> GRAHAM GREENE
> *The Lawless Roads*

México no es evidente. Ya a fines del siglo XVII, el explorador inglés Henry Hawks escribía que los españoles buscaban desde hacía años siete maravillosas ciudades en el noroeste de México, de las cuales habían tenido noticia por los indígenas. "Han empleado, y emplean diariamente, mucha diligencia en buscarlas, pero no encuentran ninguna. Dicen que la brujería de los indios es tal, que cuando ellos se acercan a estas ciudades, éstos echan una niebla sobre ellas, de manera que no puedan verlas."[1] Desde entonces (quizás antes) los extranjeros que llegan a México buscan en sus llanuras y bosques, montes y playas, todo aquello de lo que han oído hablar —las grandes culturas precolombinas, la violencia cotidiana, el sol, los frutos de la Iglesia y de la Revolución, los bigotes y el sombrero, los secretos del barroco, las complejidades de la cocina local— y no lo encuentran, o encuentran simulacros ex-

---

[1] *Cf.* Richard Haklyut, *Principal Navigations of the English Nation*, 1598-1600.

puestos para satisfacer la curiosidad de los visitantes, haciéndoles creer que el descubrimiento de una pieza de alfarería olmeca, de una versión *sui generis* de "Ay Jalisco, no te rajes", de un decorativo esqueleto de Posadas, de un autorretrato de Frida Kahlo o de un plato de quesadillas y frijoles, les brindará la epifanía tan deseada, como lo creyó aquella turista inglesa que, extasiada ante las pirámides de Teotihuacán, exclamó: "Ahora sé lo que deben haber sentido los reyes aztecas. ¡Esto sólo puede compararse a la columna de Nelson en Trafalgar Square!"

Lugares difíciles de percibir tienen una notable ventaja para el extranjero: pueden servir como escenario de ilusiones. "Un sueño acarrea otro sueño",[2] observó Juan Rulfo en uno de sus comentarios cinematográficos. Esta geografía soñada, transitoria, es, paradojalmente, la más arraigada. El México mítico de los conquistadores, de los viajeros soñadores, de los inventores de historias fantásticas, a veces recubre (y a veces borra) el otro, el de piedra y polvo. "Y desde que vimos tantas ciudades y villas pobladas en el agua, y en tierra firme otras grandes poblaciones, y aquella calzada tan derecha y por nivel como iban a México, nos quedamos admirados, y decíamos que parecía a las cosas de encantamiento que cuentan en el libro de Amadís", confesó azorado Bernal Díaz del Castillo.[3] Ante tal mirada extraña, los indígenas mexicanos opusieron un azoramiento más radical. En el códice

[2] Juan Rulfo, "La fórmula secreta: Sinopsis", en *El gallo de oro y otros textos para cine*, 1980.

[3] Bernal Díaz del Castillo, *Historia verdadera de la conquista de la Nueva España*, 1632.

azteca *Coloquios de los Doce*, narración del encuentro entre frailes franciscanos y señores de Tenochtitlan, los sacerdotes aztecas responden al ataque de los cristianos contra sus dioses y creencias con estas palabras:

> Señores nuestros, muy estimados señores:
> Habéis padecido trabajos para llegar a esta tierra.
> Aquí ante vosotros,
> os contemplamos...
> Nueva palabra es ésta,
> la que habláis,
> por ella estamos perturbados,
> por ella estamos molestos.
> Porque nuestros progenitores,
> los que han sido, los que han vivido sobre la tierra,
> no solían hablar así.[4]

"No solían hablar así": el verbo es exacto. La visión es ajena, la palabra nueva. La presencia del extranjero altera la geografía aun antes de ser hollada y la transforma en un lugar imaginario en el que el tiempo y el espacio obedecen a leyes diferentes del mundo conocido, un lugar mágico en el que todo es posible. Borges, Calvino y Cortázar retomaron esa imagen de México como algo revelado por los libros y resueltamente fantástico.

Pero aun cuando intenta ser realista, la visión del extranjero suele ser ilusoria, y muchas veces brutal y hasta soberbia. A distancia, los juicios de los que han creído percibir las verdades esenciales de México pare-

---

[4] Miguel León-Portilla, *El reverso de la Conquista*, 1964.

cen una ristra de insultos gratuitos. Para D. H. Lawrence, México da una impresión de desasosiego, "como de un criminal planeando su próxima fechoría más bien mezquina".[5] Para Graham Greene, la pasión que define a los mexicanos es el aborrecimiento. "Nunca he estado en un país en el que he sido tan consciente del sentimiento constante de odio. Aquí la amistad es algo a flor de piel, un gesto de protección."[6] De manera más convencional, Christopher Isherwood juzga que la calidad esencial de México es la violencia.

> Es un país violento. El trueno y las avalanchas en las montañas. Enormes inundaciones y tormentas en los llanos. Volcanes que estallan. La tierra que tiembla y se parte. Las selvas llenas de bestias salvajes, insectos venenosos y serpientes mortíferas. Cuchillos sacados a relucir a la más mínima palabra. Familias enteras asesinadas sin razón alguna.[7]

Tan horrible le pareció a Aldous Huxley su recorrido por el sur de México, que sintió que "el horror traza, por así decirlo, un círculo completo y acaba en el otro extremo del barómetro cualitativo como una broma".[8] Incluso para Malcolm Lowry, creador del mito extranjero quizá más sólidamente arraigado, el de un paraíso *laissez-faire* donde todo gringo puede emborracharse en paz y hasta la muerte, ese supuesto libre albedrío mexicano es una mentira:

[5] D. H. Lawrence, *Correspondence, ca*. 1924.
[6] Graham Greene, *The Lawless Roads,* 1939.
[7] Christopher Isherwood, *The Condor and the Cows,* 1949.
[8] Aldous Huxley, *Beyond the Mexique Bay,* 1934.

¿Era éste un país de libertad de palabra, que garantizaba el derecho a la vida, a la libertad, a la búsqueda de felicidad?... Era un país de esclavos, donde los seres humanos eran comprados como ganado y las gentes indígenas, los yaquis, los pápagos, los tomasachics, eran exterminados por medio de deportaciones, o reducidos a algo peor que servidumbre, sus tierras encomendadas o en manos de extranjeros.[9]

"Ser un gringo en México —comentó para la posteridad Ambrose Bierce antes de desaparecer en el territorio mexicano—. ¡Eso sí que es eutanasia!"[10] Frente a tanta crítica negativa, Paul Theroux opinó: "Pocos países en el mundo tienen mayor razón para odiar al extranjero".[11]

No siempre es la ilusión sombría. Para los refugiados políticos, México fue, si no un paraíso, al menos un moderado purgatorio. Para Anna Seghers, exiliada del horror nazi durante cinco largos años, el país que la había acogido se convirtió en una patria de recambio. "La vida aquí me gusta mucho", escribió a un amigo en 1941. "El clima, los colores, el paisaje, todo me asegura que aquí podré vivir y trabajar."[12] "El contraste entre la Noruega septentrional y el México de los trópicos se sentía no sólo en el clima", notó Trotski al desembarcar en Tampico. "Liberado de una atmósfera de repugnante

[9] Malcolm Lowry, *Under the Volcano*, 1947.
[10] *Cf.* Paul Fatout, *Ambrose Bierce: The Devil's Lexicographer*, 1950.
[11] Paul Theroux, *The Old Patagonian Express*, 1979.
[12] Anna Seghers, carta a F. C. Weiskopf, 11 de julio de 1941, en *Anna Seghers: Eine Biographie in Bildern*, 1994.

voluntad propia y desalentadora incertidumbre, nos encontramos con hospitalidad y cuidado a cada paso."[13] Los intelectuales exiliados de la Guerra Civil española imaginaron en México fantásticos paisajes para consolarse de aquellos que ya no volverían a ver. "No hay nubes como las de México", exclamó Max Aub. "Allá enfrente asoma el Popocatépetl, otras nieves en nubes esconden el Iztaccíhuatl; más abajo las prodigiosas construcciones indostánicas de Tepotzotlán entre hálitos de plata recuerdan decorados de ópera germánica mientras, al norte, la antigua carretera parte, en jade, el verde oscuro de los pinos."[14] Para otros extranjeros, la atracción de México fue más moderada. "México, la ciudad, o más bien el país de las mordidas, me ha recibido con toda la indiferencia de un gran animal, sin acariciarme ni mostrarme sus dientes",[15] escribió el 30 de septiembre de 1954 el Che Guevara a su tía Beatriz. Más adelante, durante la infernal década de los setenta, los muchos exiliados de las dictaduras argentina, chilena y uruguaya contribuyeron a la imagen de un México autocrático y cosmopolita, si no acogedor, al menos indulgente.

Sabemos que toda mirada acaba siendo autorretrato, lo que Margarita de Orellana llamó, en relación con la visión cinematográfica norteamericana de México, "la historia de su propia imagen y sus transformacio-

[13] Lev Trotsky, nota del 9 de enero de 1937, en *Writings, 1937-1938*, 1948.

[14] Max Aub, "Teresita", en *No son cuentos*, 1944.

[15] *Apud* Joe Lee Anderson, *Che Guevara: A Revolutionary Life*, 1997.

14

nes. La historia de una mirada circular".[16] Pero la mirada del otro nos devuelve también una imagen de nosotros mismos que muchas veces cuestiona nuestras propias percepciones. Desde el interior de las murallas, la visión del territorio es una; desde las puertas, es otra, no obligatoriamente superflua. Toda sociedad se define tanto por lo que elige como por lo que excluye; por eso el extranjero, el inmigrante, el que llega buscando refugio, puede imaginar, para quienes están allí instalados, posibilidades asombrosas y calidades de vida insospechadas. La Edad Media soñó una raza de hombres-perro, criaturas que vivían fuera de los límites de la ciudad, y que desde el otro lado le servían como augurios, mensajeros y profetas, aportando a sus habitantes aquello que, para otorgarse una identidad, habían rechazado: aquello que sin embargo necesitaban para desenvolverse en el mundo. Como lo prueban estos cuentos, la visión de México de un extranjero es sin duda exagerada, errónea, fantasiosa; pero para un lector avisado, quizá también sea útil, reveladora, necesaria.

ALBERTO MANGUEL
Junio, 2006

[16] Margarita de Orellana, *La mirada circular: El cine norteamericano de la Revolución mexicana 1911-1917*, 1999.

RESPLANDOR DE QUETZAL

Margaret Atwood

Sarah estaba sentada cerca de la orilla del cenote sagrado. Se había imaginado algo más chico, una especie de pozo de los deseos, pero esto era enorme y el agua del fondo no era nada transparente. Tenía el color del lodo; algunos tallos crecían por un lado y los árboles de arriba dejaban caer sus raíces —¿o eran lianas?— a todo lo largo de las paredes de piedra caliza, hasta el agua. Sarah pensó que no estaría mal ser la víctima de un sacrificio si el cenote fuera más lindo, pero jamás podrían convencerla de saltar dentro de semejante lodazal. Probablemente empujaban a las víctimas o les daban un golpe en la cabeza y luego las tiraban adentro. Según la guía turística el agua era profunda, pero a ella le parecía más un pantano.

Junto a ella un guía reunía a su grupo, con la evidente intención de embutirlo nuevamente en el camión turismo rosa con franjas moradas y descansar. Eran turistas mexicanos y a Sarah le agradó ver personas que sin ser canadienses o estadunidenses usaban sombreros de ala ancha, lentes oscuros y tomaban fotos de todo. Preferiría que ella y Edward pudieran hacer sus viajes, si es que realmente tenían que hacerlos, en épocas del año menos concurridas, pero el trabajo de Edward como maestro los obligaba a viajar durante las

17

vacaciones escolares; la temporada navideña era la peor. Además, sería lo mismo si tuviera otro trabajo y tuvieran hijos; pero no los tenían.

El guía azuzó a sus crías, que cacareaban como gallinas, por el sendero terroso. Él permaneció unos momentos junto a Sarah, terminando su cigarro, con el pie en un bloque de piedra, posando como un conquistador. Era un hombrecito moreno con varios dientes de oro que brillaban cuando sonreía. Ahora le sonreía a Sarah de reojo y ella le respondió tranquila. Le gustaba que los hombres le lanzaran sonrisas o incluso que hicieran esos chasquidos con los labios cuando la veían en la calle: todo le parecía bien mientras no la tocaran. Edward pretendía no oír nada. Tal vez lo hacían porque ella era rubia: las mujeres rubias eran raras allí. No se consideraba precisamente bella; la palabra que en algún momento había elegido para sí era *agradable*. Agradable a la vista. Nadie usaría esa palabra para una mujer delgada.

El guía lanzó la colilla al cenote y salió tras su grey. Sarah dejó de pensar en él inmediatamente. Sintió que algo le subía por una de las piernas, pero al examinarse no vio nada. Se cubrió los muslos y las rodillas con la falda de algodón. Éste era el típico lugar donde te pueden picar las pulgas, un lugar con piso de tierra donde la gente suele sentarse; parques y estaciones de autobús. Pero no le importó, tenía los pies cansados y el sol ardía. Prefería seguir sentada a la sombra y sufrir las picaduras a correr de un lado a otro tratando de ver todo, como Edward. Por suerte a ella no se le hinchaban las ronchas como a él.

Edward estaba más atrás, entre los matorrales, mirando hacia todos lados con sus nuevos binoculares Leitz. No le gustaba estar sentado, lo ponía nervioso. En estos viajes a Sarah le era difícil conseguir estar a solas con sus pensamientos. Del cuello le colgaban los binoculares que antes eran de Edward; pesaban una tonelada. Se los quitó y los guardó en su bolsa.

Esa pasión que él tenía por las aves había sido una de las primeras cosas que le confió. Tímidamente, como si fuera un regalo invaluable, le mostró el cuaderno de hojas rayadas que a los nueve años había empezado a llenar con sus torpes mayúsculas infantiles —PETIRROJO, GRAJO, MARTÍN PESCADOR— y el registro del día y el año junto a cada nombre. Ella había fingido cierto emocionado interés que en el fondo era auténtico. No tenía obsesiones de ese tipo; Edward se zambullía totalmente en las cosas, como si fueran océanos. En una época fueron los timbres postales; luego la flauta y casi la enloquece practicando. Ahora eran las ruinas prehispánicas y estaba decidido a escalar todo montón de piedras antiguas que pudiera encontrar. Sarah creía que era posible describirlo como una capacidad para la dedicación. Al principio sus obsesiones la fascinaron porque no las entendía, pero ahora sencillamente la aburrían. Además, tarde o temprano las abandonaba, justo cuando empezaba a dominarlas; todas salvo la obsesión por las aves. Ésa había permanecido inalterada. Alguna vez ella también había sido una de sus obsesiones, pensó.

No estaría tan mal si no se empeñara tanto en que ella las compartiera, o más bien, si en el pasado no se hubiera empeñado; ahora ya no lo hacía. Ella lo había alentado, le había permitido pensar que compartía o al menos soportaba sus aficiones. Pero con la edad se había vuelto menos indulgente. Le molestaba el desperdicio de energía, porque era un desperdicio: él terminaba por abandonarlo todo, ¿y de qué servía su conocimiento enciclopédico de las aves? Sería diferente si tuvieran dinero, pero siempre faltaba. Si tan sólo usara toda esa energía para hacer algo productivo, por ejemplo en su trabajo. Podría ser director si quisiera, le decía una y otra vez, pero no le interesaba, se contentaba con seguir con lo mismo año tras año. Sus alumnos de sexto de primaria lo adoraban, sobre todos los varones. Tal vez porque notaban que se parecía mucho a ellos.

Le había pedido que lo acompañara a pajarear, como decía, poco después de que se conocieron, y claro que ella aceptó. Habría sido un error rechazar la invitación. En esa época no se quejaba del dolor de pies o de permanecer bajo la lluvia y la vegetación goteante tratando de seguirle la pista a algún vulgar gorrión, al tiempo que Edward hojeaba su *Peterson's Field Guide* como si fuera la Biblia y el pájaro, el Santo Grial. Ella incluso se volvió muy diestra. Edward era algo miope y ella podía captar los movimientos de las aves mejor que él. Con la generosidad que lo caracterizaba, él reconocía su habilidad y ella fue cayendo en la costumbre de aprovecharla cuando quería deshacerse de él un rato. Como ahora, por ejemplo.

—Algo se movió allí —Susan señaló hacia los arbustos que se encontraban del lado opuesto del cenote.

—¿Dónde? —Edward entrecerró los ojos y alzó sus binoculares. Tenía cierto aire de pájaro, pensaba ella, con esa larga nariz y esas piernas flaquitas.

—Esa cosa sentada en esa cosa como con mechones. En esa como acacia. Es naranja.

Edward enfocó.

—¿Un oriol?

—Desde aquí no puedo ver. Oh, se echó a volar —señaló hacia arriba y Edward recorrió el cielo en vano.

—Creo que se posó allá, detrás de nosotros.

Eso había sido suficiente para despacharlo. Aunque tenía que hacer lo mismo con bastantes pájaros reales para que le siguiera creyendo.

Edward se sentó en la raíz de un árbol y encendió un cigarro. Se había metido en los matorrales por el primer sendero que encontró; olía a meados y por los Kleenex tirados más adelante en el suelo, en diversos estados de descomposición, pudo ver que éste era uno de aquellos lugares a donde la gente va cuando no alcanza a llegar al baño detrás de la taquilla.

Se quitó las gafas, luego el sombrero, y se enjugó el sudor de la frente. Podía sentir que tenía la cara roja. Sonrojado, como decía Sarah. Ella insistía en atribuir el rubor a una timidez infantil; no había descubierto que era simplemente enojo. Para ser tan mentirosa, con frecuencia era increíblemente estúpida.

Por ejemplo, no sabía que había descubierto su pequeño truco con las aves inexistentes hacía por lo menos tres años. Le señaló un árbol muerto, diciendo que ahí estaba un pájaro, pero él había examinado el mismo árbol segundos antes y sabía que no había nada. Era muy descuidada: describía aves del color de los orioles que se comportaban como martinetes, pájaros carpinteros en donde no había pájaros carpinteros, grajos mudos, garzas de cuello corto. Seguramente había decidido que era un imbécil y que cualquier descripción mal hecha bastaba para engañarlo.

¿Y por qué no, si aparentemente caía cada vez? ¿Por qué se comportaba así, por qué salía tras los pájaros inventados, fingiendo que le creía? En parte porque a pesar de que sabía lo que le hacía, no tenía idea de por qué. No podía ser simplemente maldad, pues no le faltaban ocasiones para desplegarla. No quería saber la verdadera razón, que en su mente se erigía como algo informe, amenazador, definitivo. Aquellas mentiras en torno a las aves eran sólo algunas de las muchas mentiras que mantenían todo en pie. Temía decirle algo al respecto: eso significaría el fin de todo, todas las simulaciones, los fingimientos y los engaños se derrumbarían y ambos quedarían uno frente al otro en medio de los escombros, mirándose. Ya no tendrían absolutamente nada que decirse y eso era algo para lo que Edward no estaba preparado.

Además ella lo negaría todo: "¿Pero qué me dices? Claro que lo vi. Voló hacia allá. ¿Cómo crees que me iba a inventar algo así?" Con su mirada fija, rubia, sólida e inamovible como una piedra.

Edward se imaginó saliendo intempestivamente de los matorrales como King Kong, alzando a Sarah y arrojándola al vacío, al cenote de los sacrificios. Cualquier cosa que fuera necesaria para destruir esa expresión imperturbable, insípida, pálida y complacida, como la de una madona flamenca. Una hipócrita, eso era. Jamás podía tener la culpa de nada. No era así cuando la conoció. Pero de nada serviría: mientras caía le lanzaría una mirada, no de temor sino de irritación maternal, como si él hubiera tirado el chocolate sobre el mantel blanco. Luego se alisaría la falda sobre las piernas. Siempre cuidaba su apariencia, siempre.

Aunque no sería del todo correcto aventarla al cenote así, vestida. Le vinieron a la mente algunos pasajes de los libros que había leído antes del viaje. (También eso: a Sarah no le interesaba aprender sobre los lugares a los que iban.

—¿Pero no te interesa saber qué vas a ver? —le preguntaba Edward.

—De todos modos voy a ver lo mismo, ¿no? —respondía ella—. Saber tantos datos no cambia la estatua o lo que sea. —A él le enfurecía esta actitud, y ahora que se encontraban ahí ella rechazaba todos los intentos que hacía para explicarle las cosas, con ese método pasivo de fingir siempre que no lo había oído.

—Ése es el Chac-Mool, ¿ves? Esa cosa redonda que tiene en el vientre albergaba el recipiente donde ponían los corazones y la mariposa en la frente representa el alma volando hacia el sol.

—¿Me puedes pasar el bronceador, Edward? Creo que está en la bolsa, en el bolsillo izquierdo.

Y él, derrotado, le entregaba el bronceador, vencido una vez más.)

No, no sería una víctima apropiada, con o sin bronceador. Sólo lanzaban a la gente —o acaso las personas saltaban por sí mismas, por su propia voluntad— para honrar al dios del agua, para pedir la lluvia y propiciar la fertilidad. Las víctimas que lanzaban al agua eran mensajeros con peticiones para el dios. Sarah tendría que purificarse antes, en el temascal de piedra cercano al cenote. Luego, desnuda, se arrodillaría frente a él, cubriéndose los senos en sumisión. Añadió algunos ornamentos: collar de oro con medallón de jade, peineta de oro con plumas. Su cabello, siempre enroscado en la nuca, estaría suelto. Imaginó su cuerpo más delgado y más firme, con cierto deseo abstracto que relacionó lo menos posible con el cuerpo de la Sarah real. Era el único deseo que sentía ahora: tenía que vestirla antes de poder hacerle el amor. Pensó en el principio, en antes de que se casaran. Casi sentía que aquello había sido una aventura con otra mujer: ella era tan diferente. Él se había acercado a su cuerpo delicadamente y con ternura, como si fuera sagrado: un cáliz blanco y dorado, y a ella le gustó; aunque tenía dos años más y mucha más experiencia no le importó su torpeza y su reverencia, no se burló de él. ¿Qué la hizo cambiar?

A veces pensaba que había sido el bebé, muerto al nacer. En ese momento él insistió en que debían tener otro inmediatamente, y ella había dicho que sí, pero nada había sucedido. Ya no hablaban del asunto. "Pues bien, así sea", dijo ella simplemente, cuando lo supo en el hospital. Un bebé perfecto, dijo el doctor; había sido un accidente insólito, una de esas cosas que casi nunca pasan. Ella no quiso regresar a la universidad y tampoco buscar empleo. Se quedaba en casa, cuidando el departamento; no lo miraba a los ojos, su mirada iba hacia la puerta, salía a través de la ventana, como si estuviera esperando algo.

Sarah agachó la cabeza. Él, envuelto en la capa emplumada y cubierto con la máscara narigona y colmilluda del gran sacerdote, la roció con la sangre que extrajo con espinas de su lengua y su pene. Ahora tenía que darle el mensaje que debía entregar al dios. Pero no se le ocurría nada.

Al mismo tiempo pensó: ¡qué gran idea para que mis alumnos hagan un proyecto especial! Haría que construyeran modelos a escala de los templos, les proyectaría las transparencias que había tomado, llevaría a la clase tortillas y tamales enlatados para un almuerzo mexicano, harían figuritas del Chac-Mool con papel maché... y el juego de pelota donde le cortaban la cabeza al capitán del equipo vencido: eso les gustaría, a esa edad están sedientos de sangre. Podía verse frente a los niños, derramando entusiasmo, haciendo gestos, asumiendo posturas, actuándolo todo para ellos, podía ver su reacción. Aunque claro que después se deprimiría. ¿No eran sus proyectos especiales sólo un sustituto de la televisión, algo que sólo servía para divertirlos? Ellos lo querían porque les bailaba, porque era una especie de títere chistoso, inagotable, un poco ridículo. Con razón ella lo despreciaba.

Edward pisó lo que quedaba de su cigarro. Se volvió a poner el sombrero blanco de ala ancha que ella le había comprado en el mercado. Quería uno con el ala más estrecha que no le estorbara al usar los binoculares, pero ella le dijo que parecería jugador de golf. Siempre ese tono burlón, tiernamente burlón, condescendiente.

Decidió esperar el tiempo necesario para que su ausencia fuera plausible; luego regresaría.

Sarah se imaginaba lo que estaría haciendo en el viaje si Edward estuviera convenientemente muerto. No es que deseara que hubiera muerto, pero no podía imaginar otra causa para que no estuviera ahí con ella. Era omnipresente, impregnaba su vida como una especie de aroma; le resultaba difícil pensar en algo o hacer algo que no estuviera relacionado con él. Así que ahora le parecía agradable e inofensivo verse siguiendo el mismo itinerario, aunque sin él, con Edward limpiamente borrado del mapa. Claro que no estaría allí si no fuera por él. Ahora preferiría estar recostada en una silla de playa, digamos en Acapulco, bebiendo algo refrescante. Añadió unos cuantos muchachos morenos en traje de baño, pero en seguida los eliminó: eso sería demasiado complicado y nada relajante. Con frecuencia había pensado en ponerle el cuerno a Edward —se lo merecía, aunque no estaba segura de por qué— pero jamás lo había hecho. Ya no conocía a nadie adecuado, ya no.

Supongamos que estuviera aquí, sin Edward alguno. Para empezar se hospedaría en un mejor hotel. Uno con toma de corriente en el baño; aún no se habían quedado en un cuarto donde hubiera un contacto en el baño. Claro que eso sería más caro, pero ella pensaba que tendría más dinero si Edward estuviera muerto: todo su salario, en vez de sólo una parte. Sabía que no existiría tal salario si él realmente estuviera muerto, pero recordarlo echaba a perder la fantasía. Y viajaría en aviones, cuando fuera posible, o en autobuses de primera clase, en vez de los ruidosos autobuses de segunda llenos de gente que él insistía en tomar. Decía que la manera de conocer en verdad un país era ésa, que no tenía sentido pasar todo tu viaje en compañía de otros turistas. Teóricamente ella estaba de acuerdo, pero aquellos autobuses le daban dolor de cabeza y con gusto hubiera prescindido del recorrido a través de la miseria: las escuálidas chozas con techo de lámina o de palma, los guajolotes, los cerdos atados.

Con los restaurantes era lo mismo. En el pueblo donde estaban había uno muy lindo que ella había visto desde el autobús y que no parecía demasiado caro; pero no, fueron a comer a una chocita fea de pisos de linóleo y donde los manteles tenían un plástico encima. Eran los únicos clientes. En una mesa cercana cuatro adolescentes jugaban dominó y bebían cervezas entre irritantes risas continuas, varios niños más pequeños veían la televisión, una cosa doblada al español que Sarah reconoció como un antiguo episodio de *The Cisco Kid*.

En la barra junto a la televisión había un nacimiento con tres reyes magos de yeso pintado, uno montado en un elefante, los otros en camellos; al primer mago le faltaba la cabeza. Dentro del pesebre una María y un José subdesarrollados rendían homenaje al descomunal Niño Dios, casi del tamaño del elefante. Sarah se preguntó cómo esa María había podido parir semejante coloso; pensar en eso la incomodó. Junto al nacimiento estaba Santa Claus con un halo de foquitos parpadeantes, a su lado un radio con forma de Pedro Picapiedra que transmitía viejas canciones gringas.

—*Oh someone help me, help me, plee-ee-ee-eeze...*

—¿No es Paul Anka? —preguntó Sarah.

Pero no era el tipo de cosas que Edward podía saber. Se embarcó en una defensa apasionada de la comida del lugar, la mejor que había probado en México, dijo. Sarah se rehusó a ofrecerle el consuelo de darle la razón. El restaurante le parecía aún más deprimente de lo que realmente era, especialmente aquel nacimiento. Provocaba lástima, como un inválido intentando caminar, y daba la impresión de ser uno de los últimos espasmos de una religión cuyos días sin duda estaban contados y en la que ya nadie podía creer.

Otro grupo de turistas venía por el sendero a sus espaldas, estadunidenses, por el alboroto. El guía, sin embargo, era mexicano. Se subió al altar con dificultad, listo para empezar su discurso.

—No te acerques tanto al borde.

—Ni lo pienses, me dan miedo las alturas. ¿Qué ves allá abajo?

—Agua, ¿qué otra cosa podría ver?

El guía dio unos aplausos para que le hicieran caso. Sarah no prestó atención: no quería oír más sobre el tema.

—Antes se decía que sólo lanzaban vírgenes —empezó el guía—. No me pregunten cómo podían saberlo. Siempre es difícil saber —hizo una pausa para que la gente se riera, se rieron—. Pero esto no es verdad. Pronto les diré cómo lo descubrimos. Aquí tenemos el altar a Tláloc, el dios de la lluvia…

Dos mujeres se sentaron cerca de Sarah. Ambas traían pantalones de algodón, sandalias con tacones y amplios sombreros de paja.

—¿Te subiste a la grandota?

—¿Cómo crees? Hice que Alf se subiera y le tomé una foto cuando estaba arriba.

—Lo que no entiendo es por qué construyeron todas esas cosas.

—Era su religión, eso dijo el guía.

—Pues al menos mantenían a la gente ocupada.

—Solucionaron el problema del desempleo —ambas rieron.

—¿Cuántas ruinas más nos va obligar a ver?

—Quién sabe. Yo ya no puedo más. Prefiero regresar al camión y sentarme.

—Yo preferiría ir de compras. Aunque no hay mucho que comprar.

Sarah, que había estado escuchándolo todo, de repente se sintió indignada. ¡Qué falta de respeto! Lo que decían no era tan diferente de lo que ella misma sentía pero por qué lo decían aquellas mujeres, una de las cuales tenía una bolsa de paja decorada con flores horribles; sintió que tenía que salir en defensa del cenote.

—Tengo que responder al llamado de la naturaleza —dijo la mujer de la bolsa—. No pude ir antes, la cola era enorme.

—Llévate un Kleenex —aconsejó la otra mujer—. No hay papel en el baño. Además prácticamente tienes que entrar nadando; hay agua en todo el piso.

—Quizá sólo me oculte entre los arbustos —dijo la primera mujer.

Edward se puso de pie y se frotó la pierna izquierda, que se le había dormido. Era tiempo de regresar. Si tardaba mucho Sarah se molestaría, a pesar de haber sido ella quien lo hizo salir en busca de un pájaro inexistente.

Empezó a caminar por el sendero. De repente captó por el rabillo del ojo un resplandor anaranjado. Edward giró y alzó sus binoculares. Aparecían cuando menos lo esperabas. Era un bolsero, parcialmente oculto tras las hojas; podía ver su pecho naranja brillante y un ala con franjas oscuras. Quería que fuera un bolsero encapuchado, aún no había visto uno de ésos. Le habló silenciosamente, rogándole que se mostrara. Era curioso que las aves sólo le resultaran totalmente mágicas la primera vez, cuando no las había visto antes. Pero existían cientos de especies que jamás vería; a pesar de todas las que pudiera ver, siempre habría una más. Quizá por eso seguía buscándolas. El pájaro se adentró en la vegetación saltando de rama en rama. *Regresa,* le gritó en silencio. El pájaro desapareció.

De repente se sintió feliz. Quizá Sarah no le había mentido, después de todo, quizá realmente había visto ese pájaro. Incluso si no lo hubiera visto, el ave había aparecido, en respuesta a su necesidad de que lo hiciera. Edward creía que sólo podía ver las aves cuando ellas se lo permitían, como si tuvieran algo que decirle, un secreto, un mensaje. Los aztecas creían que los colibríes eran las almas de los guerreros muertos, ¿pero por qué no todas las aves, por qué sólo de los guerreros? Tal vez eran las almas de los que están por nacer, como algunos pensaban. "Una joya, una pluma preciosa", así se referían los aztecas al bebé que iba a nacer, según *The Daily Life of the Aztecs. Quetzal,* eso significaba *pluma.*

—Ésta es el ave que quiero ver —dijo Sarah mientras hojeaban *The Birds of Mexico* antes del viaje.

—El quetzal —leyó Edward. Era un ave de plumaje verde y rojo con una larga cola iridiscente de plumas azules espectaculares. Le explicó que ave quetzal significaba ave de plumas—. No creo que podamos verlo —le dijo. Leyó la descripción de su hábitat—.

Bosque de niebla. No creo que vayamos a un bosque de niebla.

—Bueno, ése es el que quiero —dijo Sarah—. Es el único que quiero.

Sarah siempre sabía muy bien lo que quería y lo que no quería. Si en el menú de un restaurante no veía nada que le apeteciera, se negaba a pedir algo; o lo dejaba ordenar por ella y luego sólo picoteaba la comida, como la noche anterior. De nada servía decirle que era lo mejor que habían comido desde que llegaron. Ella nunca perdía la compostura ni se enfadaba, pero era terca. Por ejemplo, ¿quién si no ella hubiera insistido en traer a México, en plena temporada de secas, un paraguas plegable? Una y otra vez le dijo que sería inútil, un peso adicional, pero ella de todas formas lo trajo, y entonces ayer por la tarde cayó la lluvia, un auténtico chaparrón. Todos menos ella corrieron a resguardarse, buscando el abrigo de los muros y umbrales del templo, pero Sarah sacó su paraguas y se cubrió con él, complacida. Esto lo enfureció. Incluso cuando se equivocaba, siempre lograba, de algún modo, tener razón. Si sólo admitiera alguna vez… ¿qué? Pues que podía equivocarse. Eso era lo que realmente no podía soportar: sus pretensiones de infalibilidad.

Y sabía que cuando murió el bebé le echó la culpa. Seguía sin saber por qué. Tal vez porque salió a comprar cigarros, porque no esperaba que naciera tan pronto. No estuvo junto a ella cuando se lo dijeron; tuvo que asimilar la noticia sola.

—No fue culpa de nadie —le dijo una y otra vez—. Ni del doctor, ni tuya. Tenía el cordón enredado.

—Lo sé —respondía ella, y jamás lo culpó de nada;

31

pero podía sentir su recriminación, esa especie de niebla que flotaba a su alrededor. Como si él hubiera podido hacer algo.

—Yo lo quería tanto como tú —le decía, y era verdad. Nunca había pensado en casarse con ella, no se lo había mencionado porque jamás pensó que ella aceptaría; hasta el momento en que le dijo que estaba embarazada. Hasta entonces ella había tenido el control; estaba seguro de que para ella era sólo una diversión. Pero la boda no la había sugerido ella sino él. Abandonó la carrera de teología y sacó su certificado de maestro de escuela primaria aquel verano para poder mantenerlos. Todas las tardes le masajeaba el vientre, sentía los movimientos del niño, lo acariciaba a través de la piel. Para él era algo sagrado y ella estaba incluida en su adoración. Al llegar el sexto mes, ella empezó a dormir boca arriba y había empezado a roncar; él yacía despierto en la noche escuchando esos suaves ronquidos que le parecían blancos y plateados, casi musicales, como misteriosos talismanes. Desgraciadamente Sarah mantuvo este hábito, pero él ya no sentía lo mismo.

Al morir el bebé, fue él quien lloró, no Sarah. Ella nunca lloró. Se levantó de la cama del hospital casi de inmediato, quería salir de ahí lo antes posible. La ropa de bebé que había comprado desapareció del departamento; nunca supo qué hizo con ella y tenía miedo de preguntar.

Desde entonces empezó a preguntarse por qué seguían casados. No era lógico. ¿Si se habían casado por el niño y no había niño, y seguía sin haber tal niño, por qué no se separaban? Pero no estaba seguro de querer eso. Tal vez aún esperaba que algo sucediera, que hubiera otro hijo. Pero de nada servía pedirlo. Llegaban cuando querían, no cuando lo deseabas. Llegan cuando menos lo esperabas. Una joya, una pluma preciosa.

—Ahora les voy a contar... —dijo el guía—. Los arqueólogos investigaron el fondo del cenote, sacaron más de cincuenta esqueletos, y descubrieron que algunos no eran de mujeres vírgenes sino de hombres. Además, la mayoría eran de niños. Así que ése fue el fin de la creencia popular —hizo un movimiento desde arriba del altar, casi como una reverencia, pero nadie aplaudió—. No es que fueran crueles —continuó—, daban a las víctimas un mensaje para el dios de la lluvia. Creían que entrarían para siempre en un paraíso que estaba en el fondo del pozo.

La mujer de la bolsa de mal gusto se levantó.

—Vaya paraíso —le dijo a su amiga—. Yo me regreso. ¿Vienes?

En realidad ya se iba todo el grupo, en esa forma dispersa que tenían. Sarah esperó hasta que se hubieran ido. Entonces abrió su bolsa y sacó el Niño Dios que se había robado del nacimiento la noche anterior. Era inconcebible que hubiera hecho tal cosa, pero ahí lo tenía: se lo había robado.

No era algo que hubiera planeado. Estaba junto al nacimiento mientras Edward pagaba la cuenta; él había entrado a la cocina porque tardaban demasiado en llevársela a la mesa. Nadie la miraba: los muchachos del dominó estaban absortos en el juego y los niños, en la televisión. Simplemente estiró la mano, más allá de los reyes magos y a través de la entrada del pesebre, agarró al niño y lo metió en su bolsa.

Le daba vueltas con las manos. Ya no se veía tan absurdo como cuando estaba junto a la Virgen enana y el diminuto José. El pañal estaba moldeado en la figura misma y parecía más bien una especie de túnica, tenía ojos de vidrio y un corte de pelo como de paje, algo largo para un recién nacido. Un niño perfecto, excepto porque tenía una grieta en la espalda, por fortuna donde no se veía. Debió habérsele caído a alguien.

Una nunca podía ser demasiado cuidadosa: mientras estuvo embarazada se cuidó mucho, se esmeró en tomar cada una de las píldoras que el doctor le recetaba, comió sólo las cosas que recomendaban los libros. Había tomado cuatro vasos de leche al día, aunque odiaba la leche. Hizo todos los ejercicios y fue a todas las clases. Nadie podía decir que ella no había hecho bien las cosas. Sin embargo, la idea de que su hijo pudiera nacer con algún defecto la trastornaba, que fuera mongoloide o inválido o hidrocefálico con una enorme cabeza líquida, como los que había visto en el jardín del hospital tomando el sol en sillas de ruedas. Pero su hijo era perfecto.

Nunca más se arriesgaría, nunca más volvería a pasar por todos esos esfuerzos. Que Edward forzara la pelvis hasta ponerse azul; "volver a intentarlo", como decía. Todos los días ella se tomaba la píldora, sin decírselo. No volvería a intentarlo. Era pedir demasiado.

¿Qué había hecho mal? No había hecho nada mal, y ése era el problema. Nadie ni nada tenían la culpa, excepto, de forma oscura, Edward; y a él no se le podía culpar de la muerte del niño, sólo de no haber estado presente cuando nació muerto. Desde ese momento él sencillamente se empezó a alejar cada vez más, perdió todo interés en ella cuando dejó de tener al niño dentro, la abandonó. Ella sabía que era esto lo que no le podía perdonar. La había dejado sola con el cadáver, un cadáver sin explicación.

"Lo perdió", decía la gente. Decían que había perdido al niño, como si anduviera por ahí buscándola, llorando lastimosamente, como si ella lo hubiera abandonado u olvidado en alguna parte. ¿Pero en dónde? ¿A qué limbo se había ido, a qué paraíso acuático? A veces sentía que había un error, que el niño todavía no había nacido. Aún podía sentirlo moverse, casi imperceptiblemente, agarrándose de sus entrañas.

Sarah colocó al bebé en una piedra junto a ella. Se puso de pie, alisando las arrugas de su falda. Estaba segura de que en el hotel descubriría más picaduras de pulga. Tomó al niño y caminó lentamente hacia el cenote, hasta llegar al borde.

Edward, que regresaba por el sendero, vio a Sarah en la orilla del cenote, con los brazos alzados sobre la cabeza. Dios mío, pensó, se va a lanzar. Quería gritarle, decirle que se detuviera, pero temió sobresaltarla. Podía correr y agarrarla por la espalda… pero ella lo oiría. Así que se detuvo, paralizado, mientras Sarah seguía inmóvil. Esperaba verla caer; ¿qué haría él entonces? Pero ella sólo llevó su brazo derecho hacia atrás y lanzó algo al cenote. Entonces se volvió dando traspiés hacia la piedra donde él la había dejado sentada y se agachó.

—Sarah.

Ella tenía el rostro cubierto con las manos; no las retiró. Él se arrodilló para quedar al mismo nivel.

—¿Te pasa algo? ¿Te sientes mal?

Ella negó con la cabeza. Parecía llorar bajo sus manos, silenciosamente y sin movimiento. Edward estaba desolado. Podía lidiar con la Sarah de siempre: a pesar de toda su perversidad, había inventado maneras de lidiar con ella. Pero no estaba preparado para esto. Ella siempre había tenido todo bajo control.

—Anda —le dijo, tratando de disfrazar su desesperación—, necesitas comer algo, te hará bien —mientras lo decía se dio cuenta de lo mal que sonaba, pero por primera vez no recibió una sonrisa condescendiente, una respuesta indulgente.

—Te desconozco —dijo Edward, rogando, como si sus palabras fueran un argumento definitivo para sacarla del estado en que estaba, para hacer que regresara la Sarah tranquila de siempre.

Sarah se quitó las manos del rostro, y en ese momento Edward sintió una punzada de helado temor. Sin duda vería el rostro de otra persona, alguien totalmente diferente, una mujer que jamás en la vida había visto, o no habría rostro alguno tras las manos. Pero (y esto fue casi peor) era sólo Sarah, con el mismo aspecto de siempre.

Ella sacó un Kleenex de su bolsa y se limpió la nariz. Es el tipo de cosas que hago, pensó. Se irguió y de nuevo se alisó la falda, luego tomó la bolsa y el paraguas.

—Quiero una naranja —dijo—. Las venden en frente de la taquilla. Las vi cuando llegamos. ¿Encontraste el pájaro?

Traducción de Mariano Sánchez Ventura

LA ESCRITURA DEL DIOS

Jorge Luis Borges

La cárcel es profunda y de piedra; su forma, la de un hemisferio casi perfecto, si bien el piso (que también es de piedra) es algo menor que un círculo máximo, hecho que agrava de algún modo los sentimientos de opresión y de vastedad. Un muro medianero la corta; éste, aunque altísimo, no toca la parte superior de la bóveda; de un lado estoy yo, Tzinacán, mago de la pirámide de Qaholom, que Pedro de Alvarado incendió; del otro hay un jaguar, que mide con secretos pasos iguales el tiempo y el espacio del cautiverio. A ras del suelo, una larga ventana con barrotes corta el muro central. En la hora sin sombra [el mediodía] se abre una trampa en lo alto, y un carcelero que han ido borrando los años maniobra una roldana de hierro, y nos baja en la punta de un cordel, cántaros con agua y trozos de carne. La luz entra en la bóveda; en ese instante puedo ver al jaguar.

He perdido la cifra de los años que yazgo en la tiniebla; yo, que alguna vez era joven y podía caminar por esta prisión, no hago otra cosa que aguardar, en la postura de mi muerte, el fin que me destinan los dioses. Con el hondo cuchillo de pedernal he abierto el pecho de las víctimas, y ahora no podría, sin magia, levantarme del polvo.

La víspera del incendio de la pirámide, los hombres

que bajaron de altos caballos me castigaron con metales ardientes para que revelara el lugar de un tesoro escondido. Abatieron, delante de mis ojos, el ídolo del dios; pero éste no me abandonó y me mantuvo silencioso entre los tormentos. Me laceraron, me rompieron, me deformaron, y luego desperté en esta cárcel, que ya no dejaré en mi vida mortal.

Urgido por la fatalidad de hacer algo, de poblar de algún modo el tiempo, quise recordar, en mi sombra, todo lo que sabía. Noches enteras malgasté en recordar el orden y el número de unas sierpes de piedra o la forma de un árbol medicinal. Así fui revelando los años, así fui entrando en posesión de lo que ya era mío. Una noche sentí que me acercaba a un recuerdo preciso; antes de ver el mar, el viajero siente una agitación en la sangre. Horas después empecé a avistar el recuerdo: era una de las tradiciones del dios. Éste, previendo que en el fin de los tiempos ocurrirían muchas desventuras y ruinas, escribió el primer día de la Creación una sentencia mágica, apta para conjurar esos males. La escribió de manera que llegara a las más apartadas generaciones y que no la tocara el azar. Nadie sabe en qué punto la escribió, ni con qué caracteres; pero nos consta que perdura, secreta, y que la leerá un elegido. Consideré que estábamos, como siempre, en el fin de los tiempos y que mi destino de último sacerdote del dios me daría acceso al privilegio de intuir esa escritura. El hecho de que me rodeara una cárcel no me vedaba esa esperanza; acaso yo había visto miles de veces la inscripción de Qaholom y sólo me faltaba entenderla.

Esta reflexión me animó, y luego me infundió una

especie de vértigo. En el ámbito de la tierra hay formas antiguas, formas incorruptibles y eternas; cualquiera de ellas podía ser el símbolo buscado. Una montaña podía ser la palabra del dios, o un río o el imperio o la configuración de los astros. Pero en el curso de los siglos las montañas se allanan y el camino de un río suele desviarse y los imperios conocen mutaciones y estragos y la figura de los astros varía. En el firmamento hay mudanza. La montaña y la estrella son individuos, y los individuos caducan. Busqué algo más tenaz, más invulnerable. Pensé en las generaciones de los cereales, de los pastos, de los pájaros, de los hombres. Quizá en mi cara estuviera escrita la magia, quizá yo mismo fuera el fin de mi busca. En ese afán estaba cuando recordé que el jaguar era uno de los atributos del dios.

Entonces mi alma se llenó de piedad. Imaginé la primera mañana del tiempo, imaginé a mi dios confiando el mensaje a la piel viva de los jaguares, que se amarían y se engendrarían sin fin, en cavernas, en cañaverales, en islas, para que los últimos hombres lo recibieran. Imaginé esa red de tigres, ese caliente laberinto de tigres, dando horror a los prados y a los rebaños para conservar un dibujo. En la otra celda había un jaguar; en su vecindad percibí una confirmación de mi conjetura y un secreto favor.

Dediqué largos años a aprender el orden y la configuración de las manchas. Cada ciega jornada me concedía un instante de luz, y así pude fijar en la mente las negras formas que tachaban el pelaje amarillo. Algunas incluían puntos; otras formaban rayas trasversales en la cara interior de las piernas; otras, anulares, se repetían. Acaso eran un mismo sonido o una misma palabra. Muchas tenían bordes rojos.

No diré las fatigas de mi labor. Más de una vez grité a la bóveda que era imposible descifrar aquel texto. Gradualmente, el enigma concreto que me atareaba me inquietó menos que el enigma genérico de una sentencia escrita por un dios. ¿Qué tipo de sentencia (me pregunté) construirá una mente absoluta? Consideré que aun en los lenguajes humanos no hay proposición que no implique el universo entero; decir *el tigre* es decir los tigres que lo engendraron, los ciervos y tortugas que devoró, el pasto de que se alimentaron los ciervos, la tierra que fue madre del pasto, el cielo que dio luz a la tierra. Consideré que en el lenguaje de un dios toda palabra enunciaría esa infinita concatenación de los hechos, y no de un modo implícito, sino explícito, y no de un modo progresivo, sino inmediato. Con el tiempo, la noción de una sentencia divina pareciome pueril o blasfematoria. Un dios, reflexioné, sólo debe decir una palabra, y en esa palabra la plenitud. Ninguna voz articulada por él puede ser inferior al universo o menos que la suma del tiempo. Sombras o simulacros de esa voz que equivale a un lenguaje y a cuanto puede comprender un lenguaje son las ambiciosas y pobres voces humanas, *todo, mundo, universo*.

Un día o una noche —entre mis días y mis noches ¿qué diferencia cabe?— soñé que en el piso de la cárcel había un grano de arena. Volví a dormir; soñé que los granos de arena eran tres. Fueron, así, multiplicándose hasta colmar la cárcel, y yo moría bajo ese hemisferio de arena. Comprendí que estaba soñando: con un vasto esfuerzo me desperté. El despertar fue inútil: la innumerable arena me sofocaba. Alguien me dijo: "No has despertado a la vigilia, sino a un sueño anterior. Ese sueño está dentro de otro, y así hasta lo infinito, que es el número de los granos de arena. El camino que habrás de desandar es interminable, y morirás antes de haber despertado realmente".

Me sentí perdido. La arena me rompía la boca, pero grité: "Ni una arena soñada puede matarme, ni hay sueños que estén dentro de sueños". Un resplandor me despertó. En la tiniebla superior se cernía un círculo de luz. Vi la cara y las manos del carcelero, la roldana, el cordel, la carne y los cántaros.

Un hombre se confunde, gradualmente, con la forma de su destino; un hombre es, a la larga, sus circunstancias. Más que un descifrador o un vengador, más que un sacerdote del dios, yo era un encarcelado. Del incansable laberinto de sueños yo regresé como a mi casa a la dura prisión. Bendije su humedad, bendije su tigre, bendije el agujero de luz, bendije mi viejo cuerpo doliente, bendije la tiniebla y la piedra.

Entonces ocurrió lo que no puedo olvidar ni comunicar. Ocurrió la unión con la divinidad, con el universo (no sé si estas palabras difieren). El éxtasis no repite sus símbolos: hay quien ha visto a Dios en un resplandor, hay quien lo ha percibido en una espada o en los círculos de una rosa. Yo vi una Rueda altísima, que no estaba delante de mis ojos, ni detrás, ni a los lados, sino en todas partes, a un tiempo. Esa Rueda estaba hecha de agua, pero también de fuego, y era (aunque se veía el borde) infinita. Entretejidas, la formaban todas las cosas que serán, que son y que fueron, y yo era una de las hebras de esa trama total, y Pedro de Alvarado, que me dio tormento, era otra. Ahí estaban las causas y los efectos, y me bastaba ver esa Rueda para entenderlo todo, sin fin. ¡Oh dicha de entender, mayor que la de imaginar o la de sentir! Vi el universo y vi los íntimos designios del universo. Vi los orígenes que narra el Libro del Común. Vi las montañas que surgieron del agua, vi los primeros hombres de palo, vi las tinajas que se volvieron contra los hombres, vi los perros que les destrozaron las caras. Vi el dios sin cara que hay detrás de los dioses. Vi infinitos procesos que formaban una sola felicidad, y, entendiéndolo todo, alcancé también a entender la escritura del tigre.

Es una fórmula de catorce palabras casuales (que parecen casuales), y me bastaría decirla en voz alta para ser todopoderoso. Me bastaría decirla para abolir esta cárcel de piedra, para que el día entrara en mi noche, para ser joven, para ser inmortal, para que el tigre destrozara a Alvarado, para sumir el santo cuchillo en pechos españoles, para reconstruir la pirámide, para reconstruir el imperio. Cuarenta sílabas, catorce palabras, y yo, Tzinacán, regiría las tierras que rigió Moctezuma. Pero yo sé que nunca diré esas palabras, porque ya no me acuerdo de Tzinacán.

Que muera conmigo el misterio que está escrito en los tigres. Quien ha entrevisto el universo, quien ha entrevisto los ardientes designios del universo, no puede pensar en un hombre, en sus triviales dichas o desventuras, aunque ese hombre sea él. Ese hombre *ha sido él*, y ahora no le importa. Qué le importa la suerte de aquel otro, qué le importa la nación de aquel otro, si él, ahora, es nadie. Por eso no pronuncio la fórmula, por eso dejo que me olviden los días, acostado en la oscuridad.

EL ZORRO Y EL BOSQUE

RAY BRADBURY

Hubo fuegos artificiales esa primera noche, estallidos, cosas que quizá deberían asustarte, porque te pueden recordar a otras más horrendas, pero éstas eran hermosas, cohetes que ascendían en el antiguo y suave aire de México y estremecían las estrellas, deshaciéndolas en fragmentos azules y blancos. Todo estaba bien, todo era agradable; el aire era esa mezcla de muerte y vida, de lluvias y polvaredas, del incienso de la iglesia y el aroma metálico de las tubas que latían con el ritmo hondo de *La paloma* en el quiosco. Las puertas de la iglesia estaban abiertas de par en par, parecía como si una enorme constelación amarilla hubiera caído del cielo de octubre y exhalara fuego en los muros de la iglesia: un millón de cirios que irradiaban sus destellos y humaredas. Más y mejores cohetes corrían como cometas acróbatas a lo largo de la plaza de frescas baldosas, chocaban con los muros de adobe de los cafés y luego seguían velozmente por los alambres hasta estrellarse en la alta torre de la iglesia, donde los pies descalzos de los niños pateaban y repateaban las monstruosas campanas, haciéndolas producir un clamor monstruoso. Un toro flameante trastabillaba de un lado a otro de la plaza, persiguiendo a hombres que reían y a niños que gritaban.

—Es el año de 1938 —dijo sonriendo William Travis, que estaba parado junto a su esposa, al borde de la multitud que gritaba. Sonreía—. Un buen año.

Un torito los embistió. Para esquivarlo, la pareja corrió, con la lluvia de chispas sobre ellos, más allá de la música y el alboroto, de la iglesia y la banda, bajo las estrellas, agarrándose uno del otro, riendo. Pasó de largo, el torito los rebasó: una estructura de bambú y sulfurosa pólvora que un mexicano cargaba en los hombros, acometiendo a la gente.

—Nunca en mi vida me había divertido tanto —Susan Travis se detuvo para recuperar el aliento.

—Es maravilloso —dijo William.

—Esto no se acaba, ¿verdad?

—Seguirá toda la noche.

—No, nuestro viaje, digo.

Él frunció el ceño y se tentó el bolsillo.

—Tengo suficientes cheques de viajero para toda una vida. Diviértete. No te preocupes. Jamás nos encontrarán.

—¿Nunca?

—Nunca.

Alguien lanzaba gigantescos petardos humeantes desde lo alto de la gran torre de la iglesia que daba campanadas, mientras abajo la multitud retrocedía ante la amenaza y los cohetes explotaban con estupendos estruendos entre sus pies fugitivos y cuerpos fugaces. Un delicioso olor a tortilla frita flotaba en el aire y en los cafés los hombres sentados en las mesas observaban la plaza con tarros de cerveza entre sus morenas manos.

El torito había muerto. El fuego había salido de los tubos de carrizo y se había extinguido. El trabajador se quitó la estructura de los hombros. Un grupo de niños se amontonaba para tocar la magnífica cabeza de papel maché y los cuernos auténticos.

—Vamos a ver el torito —dijo William.

Cuando pasaban frente al café, Susan vio a un hombre que los miraba, un hombre blanco con un traje blanco como la sal, corbata y camisa azul, y rostro delgado, quemado por el sol. Su cabello era rubio y lacio y sus ojos azules los observaba mientras pasaban.

Nunca lo habría notado de no ser por las botellas que tenía junto a su codo inmaculado. Una botella panzona de crema de menta, una botella transparente de vermut, una redoma de coñac y siete botellas más de otros licores; frente a sus dedos tenía diez vasitos medio llenos que iba probando sin quitar los ojos de la calle, a veces entrecerrando los ojos, haciendo una mueca para mantener el sabor. En la mano que tenía libre humeaba un delgado habano y en una silla adjunta estaban apilados veinte paquetes de cigarros turcos, seis cajas de puros y algunas cajitas de frascos de colonia.

—Bill —susurró Susan.

—Tranquilízate —dijo él—, no es nadie.

—Lo vi en la plaza esta mañana.

—No voltees, sigue caminando. Observa el torito de papel maché. Así, pregunta algo.

—¿Crees que sea uno de los Buscadores?

—¡No pueden habernos seguido!

—¡Podrían!

—Está muy bonito su toro —le dijo William al propietario.

—No pueden habernos seguido doscientos años en el pasado, ¿verdad?

—Por Dios, contrólate —dijo William.

Ella desfallecía. Le agarró con fuerza el brazo para sacarla de ahí.

—No te desmayes —dijo sonriendo para que todo pareciera normal—. Vas a estar bien. Vayamos directo al café, bebamos algo frente a él para que si *es* lo que creemos que es, no sospeche.

—No, no podría.

—*Tenemos* que hacerlo. Vamos. Entonces le dije a David: ¡eso es absurdo! —lo último alzando la voz mientras subían los escalones del café.

Estamos aquí, pensó Susan. ¿Quiénes somos?, ¿a dónde vamos?, ¿qué tememos? Comienza desde el principio, se dijo, aferrándose a su cordura mientras sentía el piso de adobe bajo sus pies.

Me llamo Ann Kristen; mi marido es Roger. Nacimos en el año 2155 d.C. y vivimos en un mundo malvado, un mundo que era como una gran nave negra que se desprende de la costa de la cordura y la civilización, haciendo sonar su sirena en medio de la noche, llevándose a dos mil millones de personas a bordo, quieran ir o no, a la muerte, a caer por la orilla de la tierra y del mar a un infierno radiactivo de locura.

Entraron al café. El hombre los miraba fijamente.

Sonó un teléfono.

Susan se sobresaltó, recordaba aquella llamada telefónica doscientos años en el futuro, una azul mañana de abril del año 2155, se vio contestando:

—Ann, soy Rene. ¿Ya te enteraste? ¿Ya oíste de Viaje en el Tiempo, S. A.? Viajes a la Roma del 21 a.C., viajes a la batalla de Waterloo... ¡cualquier época, cualquier lugar!

46

—Bromeas, Rene.

—No, Clinton Smith salió esta mañana hacia Filadelfia, en 1776. Viaje en el Tiempo, S. A., te organiza todo. Cuesta, pero *imagínate... ¡ver* el incendio de Roma, ver a Kublai Khan, a Moisés y el mar Rojo! Probablemente ya te llegó el anuncio a tu correo neumático.

Abrió el buzón cilíndrico. Allí estaba el anuncio en papel aluminio:

¡Roma y los Borgia!
¡Los hermanos Wright en Kitty Hawk!

¡Viaje en el Tiempo, S. A., puede disfrazarte, meterte entre el público en el asesinato de Lincoln o de César! Garantizamos que te enseñaremos el idioma que necesites para moverte con libertad en cualquier civilización, en cualquier año, sin problemas. Latín, griego, antiguo inglés americano coloquial. Toma tus vacaciones en el Tiempo, como en el Espacio.

La voz de René sonaba feliz en el teléfono.

—Tom y yo salimos para 1492 mañana. Van a poner a Tom en la nave de Cristóbal Colón. ¿Verdad que es increíble?

—Sí —murmuró Ann, asombrada—. ¿Y qué dice el gobierno de esa compañía, Máquina del Tiempo?

—Bueno, la policía la está vigilando. Temen que la gente trate de evadir el servicio militar, escaparse y esconderse en el pasado. Todos tienen que dejar una fianza, casa y pertenencias como garantía del regreso. Al fin y al cabo estamos en guerra.

—Sí, la guerra —murmuró Ann—. La guerra.

Ahí parada, con el teléfono en la mano, pensó: ésta es la oportunidad de la que mi marido y yo hemos hablado tanto, por la que hemos rezado durante tantos años. Aborrecemos este mundo de 2155. Queremos huir de su empleo en la fábrica de bombas, del mío en la unidad de cultivo de enfermedades. Tal vez podamos huir, escapar por siglos a un país salvaje tiempo atrás donde jamás podrán encontrarnos y traernos de regreso para quemar nuestros libros, censurar nuestros pensamientos, escaldar nuestro cerebro con miedo, obligarnos a marchar, gritarnos a través de sus micrófonos...

Estaban en México en el año de 1938.

Ella miraba la pared manchada del café.

A los buenos trabajadores del Estado Futuro se les permitía tomar vacaciones en el Pasado para escapar de la fatiga. Fue así como ella y su marido habían podido trasladarse a 1938, a un cuarto en Nueva York, y habían podido disfrutar las obras teatrales, admirar la Estatua de la Libertad que se alzaba en el puerto, todavía verde. ¡Y al tercer día se cambiaron de ropa y de nombre y escaparon en avión para esconderse en México!

—*Tiene* que ser él —susurró Susan, mientras miraba al extraño sentado en la otra mesa—. Esos cigarros, los puros, el licor. Todo lo delata. Acuérdate de *nuestra* primera noche en el Pasado.

Un mes antes, durante su primera noche en Nueva York, antes de la huida, probaban todos los tragos extraños, compraban y cataban las comidas extrañas, los perfumes, los cigarrillos de cientos de marcas curiosas; todo eso era escaso en el Futuro donde la guerra lo era todo. Así que actuaron como unos tontos, entrando y saliendo de tiendas, bares, tabaquerías, y encerrándose en su cuarto para ponerse formidablemente mal.

Y ahora este extraño hacía lo mismo, lo que sólo haría un hombre del Futuro que durante muchos años ha añorado licores y cigarros.

Susan y William se sentaron y pidieron un trago.

El extraño examinaba su ropa, su peinado, sus adornos; su manera de caminar y de sentarse.

—Tranquila —dijo William entre dientes—. Pórtate como si hubieras usado este tipo de ropa toda tu vida.

—Jamás debimos haber intentado escapar.

—¡Dios mío! —dijo William—, viene para acá. Deja que yo hable.

El extraño hizo una inclinación de la cabeza. Se oyó el ligerísimo choque de unos tacones. Susan se puso tiesa. ¡Ese sonido militar! Tan inconfundible como ese horrendo golpe en la puerta a medianoche.

—Señor Roger Kristen —dijo el extraño—, no se ajustó los pantalones al sentarse.

William quedó helado. Miró sus manos, posadas en sus muslos inocentemente. El corazón de Susan latía rápido.

—Se equivoca de persona —respondió enseguida William—. Yo no me llamo Krisler.

—Kris*ten* —corrigió el extraño.

—Me llamo William Travis —dijo William—. ¡Y no sé por qué le importan mis pantalones!

—Lo siento —el hombre acercó una silla—. Digamos que pensé que sabía quién era usted porque *no* se ajustó los pantalones al sentarse. *Todos* lo hacen. Si no, se deforman muy rápido. Estoy muy lejos de casa, señor... Travis, y necesito compañía. Me llamo Simms.

—Señor Simms, nos compadecemos de su soledad, pero estamos algo cansados. Salimos a Acapulco mañana.

—Lugar encantador. Acabo de estar ahí, buscando a unos amigos. Están en algún lado. Los he de encontrar. Eh, ¿está indispuesta la señora?

—Buenas noches, señor Simms.

La pareja caminó rumbo a la puerta. William le tomaba el brazo a Susan con firmeza. No volvieron la cabeza cuando oyeron que el señor Simms decía:

—Por cierto, una cosa más —hizo una pausa y luego dijo lentamente las palabras—: 2155 d.C.

Susan cerró los ojos y sintió que la tierra se hundía bajo sus pies. Siguió caminando a la plaza encendida, sin ver nada.

Cerraron con llave su cuarto de hotel. Luego ella lloraba y estaban de pie en medio de la oscuridad y sentían que el suelo se ladeaba. A lo lejos estallaban cohetes y había risas en la plaza.

—Qué atrevimiento —dijo William—. Sentado allí, mirándonos de arriba a abajo como si fuéramos bestias, fumando sus malditos cigarros, bebiendo sus tragos. ¡Debí haberlo matado en ese momento! —su voz casi histérica—. Incluso se atrevió a darnos su nombre real. El jefe de los Buscadores, y lo que dijo sobre mis pantalones... Dios santo, debí tirar de ellos al sentarme. Es un gesto automático en esta época. Al no hacerlo me vi diferente de los demás; *lo hizo* pensar: este hombre jamás ha usado pantalones, está acostumbrado a los uniformes, a los estilos del futuro. ¡Me podría dar un tiro por habernos delatado!

—No, no, fue mi forma de caminar, los tacones, fue eso. Nuestro corte de pelo, tan reciente, tan fresco. Nos vemos raros e inseguros.

Él encendió la luz.

—Nos sigue poniendo a prueba. No está seguro, no completamente. No podemos huir de él. No podemos darle la certeza. Iremos a Acapulco con calma.

—Tal vez *sí* esté seguro y sólo está jugando con nosotros.

—No me extrañaría. Tiene todo el tiempo del mundo. Puede pasarse un rato aquí si quiere y regresarnos al futuro sesenta segundos después de que lo dejamos. Puede tenernos con la duda varios días, riéndose de nosotros.

Susan se sentó en la cama y se enjugó las lágrimas, oliendo el aroma antiguo del carbón y el incienso.

—No van a armar todo un espectáculo, ¿verdad?

—No se atreverían. Tienen que agarrarnos solos para meternos en la máquina del tiempo y regresarnos.

—Entonces hay una solución —dijo ella—. Jamás estaremos solos; siempre estaremos entre la gente. Haremos un millón de amigos, iremos a los mercados, dormiremos en los palacios municipales de cada pueblo, le pagaremos al jefe de la policía para que nos cuide hasta que encontremos la manera de matar a Simms y huir, disfrazarnos con ropa nueva, quizá como mexicanos.

Sonaron pasos afuera de la puerta cerrada con llave.

Apagaron la luz y se desvistieron en silencio. Los pasos se alejaron. Una puerta se cerró.

Susan miró por la ventana hacia la plaza en la oscuridad.

—¿Entonces ese edificio es una iglesia?

—Sí.

—Siempre me había preguntado cómo era una iglesia. Hace tanto que nadie ve una... ¿podemos ir mañana?

—Claro. Ven a acostarte.

Se acostaron en el cuarto oscuro.

Media hora después sonó el teléfono. Ella contestó.

—¿Bueno?

—Los conejos se pueden esconder en el bosque —dijo una voz—, pero el zorro siempre los encuentra.

Colgó y se quedó fría y tiesa en la cama.

Afuera, en el año 1938, un hombre tocó tres melodías en su guitarra, una tras otra.

Durante la noche ella extendió la mano y casi tocó el año 2155. Sintió que sus dedos se deslizaban a través de los fríos espacios del tiempo, como sobre una superficie corrugada, y oyó el incesante golpe de pies que marchan, un millón de bandas tocando un millón de canciones militares, y vio las cincuenta mil filas de cultivos de enfermedades en sus asépticos tubos de ensayo; su mano se extendía sobre los tubos trabajando en ese inmenso laboratorio del Futuro; los cultivos de lepra, peste, tifoidea, tuberculosis, y la gran explosión. Vio su mano que se quemaba arrugándose como ciruela, la sintió retorcerse en un estallido tan inmenso que el mundo saltó y volvió a caer y todos los edificios se rompieron y la gente se desangraba y quedaba muda. Grandes volcanes, máquinas, vientos, avalanchas se sumían en el silencio y ella despertó, sollozando, en la cama, en México, a muchos años de distancia…

Temprano en la mañana, drogados por la única hora de sueño que habían logrado conciliar, despertaron con el ruido de automóviles en la calle. Susan miró desde el balcón de hierro forjado un grupo de ocho personas que en ese momento salían de camiones y autos marcados con letreros rojos, hablando en voz alta, vociferando. Una multitud de mexicanos había seguido los vehículos.

—*¿Qué pasa?* —le gritó Susan a un muchacho.

El muchacho le contestó.

Susan se volvió hacia su marido.

—Es una compañía de cine estadunidense que ha venido aquí a filmar.

—Suena interesante —William se estaba bañando—. Vamos a verlos. Creo que es mejor que no nos vayamos hoy. Tratemos de distraer a Simms. Vamos a ver cómo filman. Dicen que el proceso primitivo de hacer películas era sorprendente. Así nos distraemos y dejamos de pensar en nosotros.

Nosotros, pensó Susan. Durante un momento, bajo el sol brillante, se había olvidado que en alguna parte del hotel, esperando, había un hombre que fumaba mil cigarrillos. Vio a los ocho alegres y ruidosos estadunidenses abajo y quiso gritarles: "¡Sálvenme, escóndanme, ayúdenme! Píntenme el pelo, los ojos; vístanme con ropas extrañas. Necesito su ayuda. ¡Vengo del año 2155!"

Pero las palabras se le quedaron en la garganta. Los funcionarios de Viaje en el Tiempo, S. A., no eran tontos. Te ponían un interruptor psicológico en el cerebro antes de que te fueras. No le podías revelar tu verdadera época o lugar de nacimiento a nadie, y tampoco podías revelar nada del Futuro a los que estaban en el Pasado. Se tenía que proteger al Pasado y al Futuro uno del otro. Sólo con este interruptor psicológico se les permitía a las personas viajar sin vigilancia a través de los tiempos. El Futuro debía ser protegido de cualquier cambio provocado por los ciudadanos que viajaran en el Pasado. Aunque quisiera hacerlo con toda su alma, no le podía revelar a ninguna de las alegres personas de la plaza quién era o en qué lío estaba metida.

—¿Y si desayunamos? —dijo William.

Servían el desayuno en el inmenso comedor. Huevos con jamón para todos. El lugar estaba lleno de turistas. Entraron los de la película, los ocho juntos, seis hombres y dos mujeres, entre risitas, jalando sillas. Susan se sentó cerca de ellos, sentía su calor y la protección que le daban, incluso cuando el señor Simms bajó las escaleras del comedor fumando con fruición un cigarro turco. Los saludó con la cabeza desde lejos; Susan respondió al saludo, sonriendo, porque no les podía hacer nada aquí, frente a ocho cineastas y veinte turistas más.

—Esos actores —dijo William—. Tal vez sea posible contratar a dos, cuando Simms esté en un lugar desde donde no pueda distinguir sus rostros, decirles que es una broma, vestirlos con nuestra ropa y pedirles que se vayan en nuestro coche. Si dos personas que fingen ser nosotros pudieran lograr que los siguiera durante unas horas, podríamos llegar a la ciudad de México. ¡Le tomaría años encontrarnos ahí!

—¡Hola!

Un hombre gordo con aliento alcohólico se inclinó sobre su mesa.

—¡Turistas estadunidenses! —vociferó—. ¡Estoy tan harto de ver mexicanos que les podría dar un beso! —extendió su mano—, vengan a sentarse en nuestra mesa. Los que sufrimos adoramos la compañía de los demás. Soy el señor Sufro, ésta es la señorita Melancolía, y estos dos son el señor y la señora Cómo-odiamos-a-México. Todos lo odiamos. Pero estamos aquí porque vinimos a filmar algunas escenas preliminares para una maldita película. El resto del equipo de filmación llega mañana. Me llamo Joe Melton. Soy director de cine. ¡Qué país éste! Funerales por las calles, la gente muriéndose. Vamos, vengan a sentarse con nosotros. ¡Alégrennos!

Susan y William reían.

—¿Soy chistoso? —le preguntó Melton al universo circundante.

—¡Maravilloso! —Susan se mudó a la otra mesa.

El señor Simms los miraba con furia desde el otro lado del comedor.

Ella le hizo una mueca.

El señor Simms avanzó entre las mesas.

—Señor y señora Travis —exclamó—. Pensé que íbamos a desayunar solos.

—Lo siento —dijo William.

—Siéntate, amigo —dijo el señor Melton—. Cualquier amigo de estos dos es mi amigo.

El señor Simms tomó asiento. La gente de la película charlaba ruidosamente y mientras lo hacían, el señor Simms dijo en voz baja.

—Espero que hayan dormido bien.

—¿Y usted?

—No estoy acostumbrado a los colchones con resortes —respondió el señor Simms con una sonrisa torcida—. Pero se compensa. Estuve despierto la mitad de la noche probando nuevos cigarrillos y manjares. Extraño, fascinante. Todo un espectro nuevo de sensaciones, estos antiguos vicios.

—No entendemos de qué habla —dijo Susan.

—Siempre actuando —rió Simms—. No sirve de nada. Tampoco la estratagema de las multitudes. Tarde o temprano los voy a agarrar solos. Soy inmensamente paciente.

—Oigan —interrumpió el Sr. Melton, sonrojado—, ¿los está molestando este tipo?

—No pasa nada.

—Sólo díganmelo y lo saco a patadas.

Vociferando, Melton se volvió de nuevo hacia sus compañeros. Entre las risas, el señor Simms continuó.

—Vayamos al grano. Me tomó un mes seguir su pista a través de pueblos y ciudades, y todo el día de ayer para estar seguro. Si regresan conmigo en paz, puede ser que logre que los liberen sin castigarlos, pero sólo si el señor Travis acepta seguir trabajando en la superbomba de hidrógeno.

—¡Ciencia! ¡Este tipo habla de ciencia en el desayuno! —observó Melton, que había escuchado a medias.

Simms prosiguió imperturbable.

—Piénsenlo. No pueden escaparse. Si me matan, vendrán otros.

—No sabemos de qué está hablando.

—¡Basta! —exclamó Simms irritado— ¡Utilicen su cerebro! Saben que no podemos permitir que escapen. Más gente del 2155 podría pensar en hacer lo mismo. Necesitamos gente.

—Para pelear en sus guerras —dijo William, finalmente.

—¡Bill!

—Está bien, Susan. Tenemos que aceptar sus condiciones. No podemos escapar.

—Perfecto —dijo Simms—. De verdad fueron increíblemente románticos huyendo de sus responsabilidades.

—Huyendo del horror.

—Tonterías. Sólo una guerra.

—¿De qué hablan? —preguntó el Sr. Melton.

Susan quería decírselo, pero sólo podía hablar en términos generales. El interruptor psicológico en el cerebro permitía eso. Generalidades, como las que Simms y William discutían.

—Sólo *la* guerra —dijo William—. La mitad de la humanidad asesinada por bombas de lepra.

—Sin embargo —señaló Simms—, a los habitantes del Futuro les molesta que ustedes se escondan en una isla tropical, por así decirlo, mientras que ellos se precipitan al infierno. La muerte ama la muerte, no la vida. A la gente que se muere le encanta saber que hay otros que mueren con ellos. Es un consuelo saber que no estarás solo en el horno, en la tumba. Yo soy el guardián de ese resentimiento colectivo contra ustedes dos.

—¡Miren al guardián de los resentimientos! —le gritó Melton a sus compañeros.

—Mientras más me hagan esperar, peor será para ustedes. Lo necesitamos en el proyecto de la bomba, señor Travis. Regrese ahora… sin tortura. Más tiempo y lo obligaremos a trabajar y cuando termine la bomba probaremos un gran número de complicados aparatitos nuevos con usted.

—Tengo una propuesta —dijo William—. Regresaré con usted si mi esposa se queda aquí viva, segura, lejos de la guerra.

El señor Simms lo pensó.

—Bien. Lo veo en la plaza dentro de diez minutos. Recójame en el auto y lléveme a un lugar desierto en el campo. La máquina del tiempo nos recogerá ahí.

—¡Bill! —Susan agarró su brazo fuertemente.

—No discutas —la miró—. Ya está arreglado —Y luego a Simms—: Sólo una cosa. Ayer podría haber entrado en nuestro cuarto y raptarnos. ¿Por qué no lo hizo?

—Digamos que me estaba divirtiendo, ¿verdad? —contestó el señor Simms con languidez, encendiendo un nuevo puro—. Detesto tener que dejar este maravilloso ambiente, este sol, estas vacaciones. Me duele dejar el vino y el tabaco. ¡Cuánto me duele! Entonces en la plaza en diez minutos. Su esposa estará protegida y podrá quedarse aquí el tiempo que quiera. Despídanse.

El señor Simms se levantó y se fue.

—¡Allá va el señor Hablador! —gritó Melton al caballero que desaparecía. Se volvió y vio a Susan—. Vaya, alguien está llorando. El desayuno no es momento para llorar, ¿o sí?

A las nueve y cuarto Susan se encontraba en el balcón de su cuarto, mirando la plaza. El señor Simms estaba ahí sentado, con las pulcras piernas cruzadas, en una delicada banca de bronce. Mordió el extremo de su puro y lo encendió con ternura.

Susan oyó el sonido de un motor y desde el fondo de la calle, saliendo de un estacionamiento y bajando la cuesta empedrada, el auto de William se acercó lentamente.

El auto empezó a acelerar. Cincuenta, ahora sesenta, ahora ochenta kilómetros por hora. Las gallinas se desperdigaban a su paso.

El señor Simms se quitó el sombrero blanco y enjugó su frente rosácea, se puso de nuevo el sombrero y entonces vio el auto.

Corría a ochenta kilómetros por hora, directamente hacia la plaza.

—¡William! —gritó Susan.

El auto impactó con estrépito la banqueta; saltó, siguió velozmente sobre las baldosas hacia la banca verde donde ahora el señor Simms dejaba caer su puro, gritaba, agitaba las manos y era atropellado por el auto. Su cuerpo subió y subió, y cayó y cayó, grotescamente, a la calle.

En el otro lado de la plaza, con una llanta delantera rota, el auto se detuvo. La gente corría.

Susan entró y cerró las puertas del balcón.

Bajaron la escalinata del palacio municipal juntos, a mediodía, con los brazos enlazados y los rostros pálidos.

—Adiós, señor —dijo el alcalde a sus espaldas—, señora.

Se detuvieron en la plaza donde la gente señalaba la sangre.

—¿Querrán verte de nuevo? —preguntó Susan.

—No, hablamos del asunto una y otra vez. Fue un accidente. Perdí el control del auto. Les lloré. Dios sabe que tenía que consolarme de alguna manera. *Tenía* ganas de llorar. Detesté tener que matarlo. Nunca en mi vida quise hacer algo así.

—¿No te van a meter a la cárcel?

—Hablaron de eso, pero no. Hablé muy rápido. Me creen. Fue un accidente. Fin del asunto.

—¿A dónde iremos? ¿A la ciudad de México? ¿A Uruapan?

—Están arreglando el auto. Estará listo a las cuatro de la tarde. Luego nos largamos.

—¿Crees que nos sigan? ¿Simms trabajaba solo?

—No sé. Tenemos un poco de ventaja, creo.

Cuando llegaron al hotel salía la gente de la película. De inmediato el señor Melton se acercó, haciendo una mueca.

—Hola, supe lo que sucedió. Qué tragedia. ¿Todo bien? Si quieren pensar en otra cosa, vamos a hacer unas tomas aquí cerca, en la calle. Si lo desean, son bienvenidos. Vengan, les hará bien.

Fueron.

Se pusieron en la calle empedrada mientras instalaban la cámara. Susan miró la calle que bajaba y salía del pueblo, la carretera que llevaba a Acapulco y al mar, más allá de las pirámides y ruinas y de los pueblitos de adobe con paredes amarillas, azules, moradas y flamantes bugambilias, y pensó: Tendremos que viajar, movernos con gente y entre multitudes, en los mercados, en los vestíbulos de los hoteles, sobornar policías para que nos permitan dormir cerca, cerrar nuestro cuarto con doble llave, pero siempre entre la gente, nunca más solos, siempre con el miedo de que la próxima persona que veamos sea otro Simms. Jamás sabremos si hemos engañado y perdido a los Buscadores. ¡Y siempre adelante, en el Futuro, estarán esperando a que nos regresen, con sus bombas para quemarnos y sus enfermedades para pudrirnos y su policía para decirnos échate, da la patita, ¡salta!, y el resto de nuestras vidas seguiremos corriendo a través del bosque y no nos podremos detener ni volver a dormir bien.

Un grupo de personas se empezó a juntar para ver cómo hacían la película. Susan observaba a la gente y las calles.

—¿Viste a alguien sospechoso?

—No. ¿Qué hora es?

—Las tres. El auto debe estar casi listo.

La filmación terminó a las tres cuarenta y cinco. Todos caminaron al hotel, platicando. William se detuvo en el taller.

—El coche estará listo a las seis —dijo preocupado al salir.

—Pero no se van a tardar más, ¿verdad?

—Estará listo, no te preocupes.

En el vestíbulo del hotel miraron a su alrededor buscando hombres que viajaran solos, hombres parecidos a Simms, hombres con cortes de pelo recientes y excesivo humo de tabaco y olor a colonia, pero el vestíbulo estaba vacío. Mientras subía las escaleras, el señor Melton dijo:

—Ha sido un día largo y difícil. ¿Quién quiere un trago? ¿Ustedes? ¿Un Martini? ¿Una cerveza?

—Tal vez uno.

Todos se metieron en el cuarto de Melton y aparecieron las botellas.

—Fíjate en la hora —dijo William.

La hora, pensó Susan. Si sólo tuvieran tiempo. Sólo quería poder sentarse en la plaza durante todo un día soleado de octubre, sin ninguna angustia o pensamiento, con el sol en la cara y los brazos, con los ojos cerrados, sonriéndole al calor, sin moverse. Únicamente dormir al calor del sol mexicano, dormir cálida y tranquila, lenta y felizmente durante muchos, muchos días...

El señor Melton destapó una botella de champaña.

—A una mujer muy bella, tanto que podría ser una estrella de cine —dijo haciendo un brindis a Susan—. Hasta te haría una prueba.

Ella rió.

—Lo digo en serio —dijo Melton—. Eres muy linda. Podría hacer de ti una estrella de cine.

—¿Y llevarme a Hollywood? —exclamó Susan.

—¡Largarnos de México, sin duda!

Susan miró de reojo a William, quien alzó una ceja y asintió. Significaría un cambio de escenario, atuendo, lugar, hasta de nombre, quizá; y viajarían en compañía de ocho personas, buen escudo contra cualquier interferencia del Futuro.

—Me parece maravilloso —dijo Susan.

Empezaba a sentir la champaña. La tarde caía, la

fiesta giraba a su alrededor. Se sentía segura y bien, viva y realmente feliz por primera vez en muchos años.

—¿En qué tipo de película pondrías a mi esposa? —preguntó William, llenando de nuevo su vaso.

Los ojos de Melton recorrieron a Susan de pies a cabeza. La gente había dejado de reír y estaba atenta a la escena.

—Pues bien, me gustaría hacer una película de suspenso —dijo Melton—. La historia de una pareja, como ustedes dos.

—Siga.

—Una especie de historia de guerra, quizá —dijo el director, mientras examinaba el color de su bebida contra la luz del sol.

Susan y William esperaron.

—La historia de un hombre y su esposa, que viven en una pequeña calle en una casita en el año 2155, por decir algo —dijo Melton—. Estoy improvisando, comprendan, pero este hombre y su esposa enfrentan una guerra horrible, superbombas de hidrógeno, la censura, morir ese año…y (aquí está el gancho) se escapan al Pasado, seguidos por un hombre que ellos consideran malvado, pero que sólo quiere enseñarles su deber.

William tiró su vaso al piso.

El señor Melton continuó:

—Y esta pareja se refugia entre un grupo de cineastas que se ha ganado su confianza. Mientras más, mejor, se dicen.

Susan cayó en un sofá. Todos miraban al director. Él tomó un pequeño trago de vino.

—Ah, qué buen vino. Pues bien, este hombre y esta mujer parecen no comprender lo importantes que son para el Futuro. Especialmente el hombre, que es la clave de un nuevo metal para bombas. Así que los Buscadores, llamémoslos así, no escatiman esfuerzos o gastos para encontrar, capturar y finalmente llevar de regreso al hombre y a su esposa, una vez que los tienen totalmente solos en un cuarto de hotel, por ejemplo, donde nadie más los puede ver. Estrategia. Los Buscadores trabajan solos o en grupos de ocho. Gracias a un truco u otro lo logran. ¿No crees que puede ser una estupenda película, Susan?, ¿tú, Bill? —apuró su vaso.

Susan quedó con los ojos perdidos en el vacío.

—¿Quieres un trago? —dijo Melton.

William había sacado la pistola y disparó tres veces. Uno de los hombres cayó y los demás se abalanzaron hacia la pareja. Susan gritó. Una mano le tapó la boca. Ahora la pistola estaba en el piso y William forcejeaba, impotente.

—Por favor —dijo el señor Melton, que seguía en el mismo lugar; tenía sangre en los dedos—. No compliquemos las cosas.

Alguien golpeaba la puerta del cuarto.

—¡Déjenme entrar!

—El gerente —dijo el señor Melton secamente. Hizo un gesto enérgico con la cabeza—: ¡Todos, muévanse!

—¡Déjenme entrar! ¡Voy a llamar a la policía!

Susan y William se lanzaron una mirada, y luego vieron la puerta.

—El gerente quiere entrar —dijo Melton—. ¡Rápido!

Alguien trajo la cámara de cine y emitió una rayo

de luz azul que abarcó el cuarto instantáneamente. La luz se fue ensanchando y la gente de la fiesta se desvaneció, una por una.

—¡Rápido!

Por la ventana, en el instante antes de desaparecer, Susan vio el verde del campo y el morado y el amarillo, y el azul y el rojo de las paredes, y el empedrado como río, un hombre montado en un burro que subía las colinas soleadas, un niño que tomaba Orange Crush (podía sentir el dulce líquido en su garganta), un hombre con una guitarra bajo la fresca sombra de un árbol de la plaza (podía sentir su propia mano sobre las cuerdas), y allá, en la lejanía, el mar, azul y tierno (lo podía sentir rodar sobre ella y envolverla).

Entonces desapareció. Su marido desapareció.

La puerta se abrió violentamente. El gerente y sus empleados se apresuraron a entrar.

La habitación estaba vacía.

—¡Pero estaban aquí! Los acabo de ver entrar y ahora, ¡ya no están! —exclamó el gerente—. Las ventanas tienen rejas. ¡No pudieron salir por ahí!

En la tarde trajeron al sacerdote, abrieron el cuarto de nuevo y lo ventilaron, y le pidieron que rociara agua bendita en todos los rincones y los bendijera.

—¿Qué se hace con todo esto? —preguntó la señora de la limpieza.

Señalaba el armario, donde había 67 botellas de Chartreuse, coñac, crema de cacao, ajenjo, vermut, tequila, 106 paquetes de cigarrillos turcos y 198 cajas amarillas de puros cubanos.

Traducción de Mariano Sánchez Ventura

BAJO EL SOL JAGUAR

Italo Calvino

Oaxaca se pronuncia en italiano *Uahàca*. El hotel al que llegamos había sido el convento de Santa Catalina. Lo primero que advertimos fue un cuadro en la pequeña sala que conducía al bar. El bar se llamaba Las Novicias. El cuadro era una gran tela oscura que representaba a una joven monja y a un viejo sacerdote, juntos y de pie, ambos con las manos ligeramente separadas del cuerpo, casi tocándose; las figuras parecían algo tiesas para un cuadro del siglo XVIII: la pintura tenía el encanto poco pulido del arte colonial, pero lograba transmitir una sensación perturbadora: como un espasmo de sufrimiento reprimido.

Los enrevesados renglones de una larga leyenda escrita con afilada caligrafía cursiva, blanca sobre fondo negro, ocupaban la parte inferior del cuadro. Allí se celebraba devotamente la vida y muerte de ambos personajes, el capellán y la abadesa del convento (ella, de noble familia, había ingresado como novicia a los dieciocho años). La razón de que estuvieran retratados juntos era el extraordinario amor (palabra que en la pía prosa española estaba cargada de un profundo anhelo divino) que durante treinta años ligó a la abadesa con su confesor, un amor tan grande (el sentido espiritual de la palabra enaltecía sin llegar a anular el sentimiento carnal) que cuando el sacerdote murió la abadesa, veinte años más joven, cayó enferma en el lapso de un día y se dejó morir literalmente de amor (la palabra ardía con una verdad en la que todos los significados se encuentran) para reunirse con él en el Cielo.

Olivia hablaba español mejor que yo y me ayudó a descifrar la historia sugiriéndome la traducción de alguna expresión oscura; fueron éstas las únicas palabras que intercambiamos durante y después de la lectura, como si estuviésemos en presencia de un drama o de una felicidad ajena y todo comentario fuera innecesario, ante algo que nos intimidaba, incluso atemorizaba o que más bien nos llenaba de cierto malestar. Intentaré describir lo que yo sentía: una carencia, un vacío devorador; no sabría decir lo que sintió Olivia, ella callaba.

Entonces Olivia habló:

—Quisiera comer chiles en nogada —dijo, y con pasos sonámbulos, como si no estuviéramos seguros de pisar tierra, nos dirigimos hacia el restaurante.

Como suele suceder en los mejores momentos de la vida de una pareja, no fue necesario que se dijera nada más para que yo pudiera interpretar instantáneamente el giro de pensamientos de Olivia: porque también en mi mente se había desplegado la misma cadena de asociaciones, aunque más torpe y brumosamente, tanto que sólo pude percibirla gracias a ella.

Nuestro viaje a través de México llevaba ya más de una semana. Pocos días antes, en Tepotzotlán, en un restaurante cuyas mesas estaban entre los naranjos de otro claustro conventual, habíamos saboreado viandas preparadas de acuerdo con las antiguas recetas de las monjas (al menos eso nos dijeron). Probamos el tamal de elote (sémola de maíz con carne de cerdo molida y chile muy picante, envuelta en una hoja también de maíz y cocida al vapor) y luego los chiles en nogada, rugosos pimientos morrones que nadan en una salsa de nuez cuya picosa aspereza y regusto amargo se funden en una entrega cremosa y dulzona.

Desde entonces la imagen que teníamos de las monjas evocaba los aromas de una cocina elaborada y audaz que hacía vibrar las notas extremas de los sabores y las reunía a través de modulaciones, acordes y sobre todo disonancias que se imponían como una experiencia sin igual, irrevocable, un rapto absoluto de la percepción de todos los sentidos.

Un amigo mexicano, Salustiano Velazco, que en aquella ocasión nos acompañaba, respondía a las indagaciones de Olivia sobre las recetas de la gastronomía monástica, bajando la voz como si confiara indiscreciones secretas. Era su manera de expresarse o más bien una de ellas: enunciaba enfáticamente la información que poseía (era inagotable su conocimiento de la historia, las costumbres y la naturaleza de su país), como si fuera una proclama de guerra, o bien la insinuaba maliciosamente como si estuviera cargada de quién sabe qué implicaciones.

Olivia observó que esos platillos suponían horas y horas de trabajo y una larga serie de experimentos y perfeccionamientos previa.

—¿Se pasaban las monjas el día entero en la cocina? —preguntó, imaginando vidas entregadas totalmente a la búsqueda de nuevas mezclas y variantes de ingredientes y cantidades, a la diligente paciencia combinatoria, a la transmisión de una práctica minuciosa y exacta.

—Tenían sirvientas —respondió Salustiano y en seguida explicó que las hijas de familias nobles ingresaban en el convento con ellas; es decir que para satisfacer los veniales caprichos de la gula, los únicos que les estaban permitidos, podían contar con un infatigable enjambre de diligentes ayudantes. Las monjas sólo se afanaban en inventar y preparar, comparar y corregir las recetas que daban expresión a sus fantasías enclaustradas: fantasías de mujeres sofisticadas y brillantes, introvertidas y complejas, mujeres con hambre de lo absoluto y con lecturas que hablaban del éxtasis y la transfiguración, el martirio y el suplicio, mujeres con reclamos contradictorios en la sangre, genealogías donde se mezclaban los descendientes de los conquistadores y los descendientes de las princesas o esclavas indígenas, mujeres con recuerdos infantiles de los frutos, aromas y fermentaciones de una vegetación que a pesar de brotar en el soleado altiplano era suculenta.

Sin olvidar la arquitectura sacra que era el escenario de su vida y que obedecía a la misma tendencia hacia el extremo que condujo a esa exacerbación de los sabores, amplificada por el ardor de los chiles más picantes. Así como el barroco colonial no puso límites a la profusión de los ornamentos, a la ostentación donde la presencia de Dios se reconocía en un delirio minuciosamente calculado de sensaciones excesivas y desbordantes, así el ardor de las cuarenta y dos especies indígenas de chile que se seleccionaban sabiamente para cada platillo abría las perspectivas de un éxtasis flameante.

En Tepotzotlán visitamos la iglesia que los jesuitas erigieron como su seminario en el siglo XVIII (y que abandonaron, poco después de inaugurada, al ser expulsados para siempre de México): una iglesia teatro dorada y colorida, de un barroco danzante y acrobático, lleno de ángeles voladores, guirnaldas, arreglos florales, conchas. Sin duda los jesuitas se habían propuesto competir con el esplendor de los aztecas, las ruinas de cuyos templos y palacios —¡reino de Quetzalcóatl!— siempre estaban a la vista, para recordar una dominación impuesta mediante los efectos sorprendentes de un grandioso arte de transfiguración. En el aire se alzaba un desafío, en ese aire seco y leve del elevado altiplano: la ancestral rivalidad entre América y España en el arte de cautivar los sentidos con alucinantes seducciones, rivalidad que se extendía de la arquitectura a la cocina, en donde ambas civilizaciones se fusionaron, o acaso donde los vencidos triunfaron gracias a los condimentos que crecían en el suelo nativo. A través de las blancas manos de las novicias y las manos morenas de las conversas, la cocina de la nueva cultura hispano-india se convirtió también en un campo de batalla para la feroz agresividad de los antiguos dioses del altiplano y la sinuosa exuberancia de la religión barroca...

En el menú de la cena no encontramos chiles en nogada (el léxico gastronómico variaba de una localidad a otra, sugiriendo nuevos términos que recordar, nuevas sensaciones que definir) pero sí guacamole (puré de aguacate y cebolla) con crujientes tortillas, que se parten en trozos y se hunden como cucharas en la espesa crema (la grasosa suavidad del aguacate —el fruto nacional mexicano difundido en todo el mundo con el nombre deforme de *avocado*— se acompaña y subraya con la aridez angular de la tortilla, que tantos matices de sabor puede tener aunque no pretende ninguno); luego guajolote con mole poblano (es decir, pavo al estilo de Puebla, entre los muchos moles uno de los más nobles —se servía en la mesa de Moctezuma—, más elaborados —en su preparación se invierten al menos dos días— y más complejos —pues además de cuatro especies diferentes de chile requiere ajo, cebolla, canela, clavo, pimienta, semillas de comino, de cilantro y ajonjolí, almendras, uvas pasas, cacahuates y algo de chocolate—) y finalmente quesadillas (otro tipo de tortilla, rellena de queso, con una guarnición de carne molida y frijoles refritos).

En medio de la acción de masticar, los labios de Olivia se fueron deteniendo hasta quedar casi cerrados, pero sin interrumpir del todo la continuidad del movimiento, que se hacía cada vez más lento como si no quisiera dejar que se le esfumara un eco interior; su mirada se quedó fija, atenta a un objeto aparente, casi alarmada. Era una singular concentración del rostro que desde el inicio de nuestro viaje en México ya había observado en ella durante las comidas: una tensión que se extendía de los labios a la nariz haciendo que se dilatara o contrajera (la nariz tiene una plasticidad algo limitada —sobre todo una nariz tan armoniosa y delicada como la de Olivia— y la menor expansión de la capacidad de las fosas nasales en sentido longitudinal las hace mucho más delgadas, mientras que el movimiento reflejo que acentúa su amplitud produce una especie de retracción de toda la nariz hacia la superficie del rostro).

Por lo anterior se podría pensar que mientras Olivia comía se encerraba en sí misma, sumergiéndose en la corriente interna de sensaciones; por el contrario, en realidad toda ella expresaba el deseo de comunicarme los sabores que iba descubriendo: de comunicarse conmigo a través de los sabores o con los sabores a través de un doble conjunto de papilas, las suyas y las mías.

—¿Sentiste ese sabor? ¿Lo sentiste? —me decía con una especie de ansia, como si en ese preciso momento nuestros dientes incisivos trituraran un bocado de composición idéntica, como si los receptores de mi lengua y de la suya captaran la misma pizca de sabor—. ¿Y el *xilantro*? ¿No sientes el *xilantro*? —insistía, nombrando una hierba nativa que aún no habíamos identificado del todo (¿sería un tipo de eneldo?) y de la que bastaba una brizna en la boca para que se extendiera a la nariz una sensación dulce y picante, una especie de euforia inmaterial.

Me complacía la necesidad que Olivia tenía de involucrarme en sus emociones, porque me demostraba hasta qué grado yo le era indispensable y cómo para ella los placeres de la existencia sólo eran gratos cuando los compartíamos. Sólo en la unión de la pareja —pensaba yo— nuestra subjetividad individual se amplifica y completa. Para mí la necesidad de confirmar tal convicción era más grande pues desde el inicio de nuestro viaje la intensidad física entre ambos estaba pasando por una fase de enrarecimiento, si no por un eclipse: fenómeno seguramente momentáneo y en sí nada alarmante, pues suele formar parte de los altibajos usuales a que está sujeta, con el paso del tiempo, la vida de una pareja. Además, no podía menos que notar que ciertas manifestaciones de la energía vital de Olivia, ciertos desplantes o desidias, angustias o agitaciones, seguían desplegándose ante mis ojos sin perder nada de su intensidad pero con una diferencia notable: la de no tener ya por escenario el lecho de nuestras caricias sino una mesa tendida.

Al principio tuve la esperanza de que no tardaría en comunicarse a todos nuestros sentidos la creciente incandescencia del paladar. Erraba: esta cocina era afrodisiaca, sin duda, aunque para sí y en sí —eso creía entender; lo que digo aquí se puede aplicar a nosotros en aquel momento, no sé si se pudiera aplicar a otras personas o incluso a nosotros mismos si hubiéramos tenido otro estado de ánimo—. O sea, esta cocina estimulaba deseos que únicamente buscaban su satisfacción en la misma esfera de sensaciones que los había engendrado, es decir, probando nuevos platillos que los reavivaran y ampliaran.

Nos encontrábamos pues en la situación ideal para imaginar cómo se habría desarrollado el amor entre la abadesa y el capellán: un amor que pudo parecer perfectamente casto a los ojos del mundo y a los suyos y que al mismo tiempo, en la experiencia de los sabores que alcanzaron mediante una complicidad secreta y sutil, era de una carnalidad sin límites.

Complicidad: la palabra, en cuanto la pensé y la relacioné no sólo con la monja y el cura sino con Olivia y conmigo mismo, me reanimó; pues si era complicidad lo que Olivia buscaba en la pasión casi obsesiva por la comida que la había invadido, entonces esta complicidad implicaba que no había desaparecido, como yo siempre había temido, la igualdad entre nosotros. De hecho me parecía que en sus exploraciones gustativas de los últimos días Olivia quería mantenerme en una posición subalterna, como una presencia necesaria, sí, pero sumisa, obligándome a ser testigo (o confidente, o complaciente intermediario) de su relación con la comida. Rechacé esta idea inoportuna que de algún modo se había asomado a mi mente: en realidad nuestra complicidad no podía estar más completa, precisamente porque era distinta la forma en que vivíamos la misma pasión en armonía con nuestro propio temperamento: Olivia era más sensible a los matices de la percepción y poseía una memoria analítica en que todo recuerdo permanecía diferenciado e inconfundible; yo tendía más a definir las experiencias verbal y conceptualmente, a trazar la línea ideal del viaje que realizábamos en nuestro interior al mismo tiempo que realizábamos el viaje geográfico.

Llegué a la siguiente conclusión y Olivia la hizo suya de inmediato (o acaso había sido ella quien me la había sugerido y yo no hice más que proponérsela de nuevo con mis palabras): el verdadero viaje, en cuanto interiorización de un "exterior" diferente del habitual y personal, implica un cambio total de la alimentación, una ingestión del país que se visita, de su fauna y su flora, de su cultura (no solamente las diversas prácticas culinarias y los condimentos usados, sino los instrumentos para cernir la harina y remover el caldo) haciéndolo pasar todo entre los dientes y por el esófago. Ésta es la única forma de viajar que tiene sentido hoy, cuando todo lo visible puedes observarlo en la tele sin moverte de tu sofá (para qué argüir que se obtiene el mismo resultado frecuentando los restaurantes exóticos de nuestras ciudades: falsifican a tal grado la realidad de la cocina que pretenden representar que equivalen, desde el punto de vista de la experiencia cognitiva que de allí podemos extraer, no a un documental sino a una reconstrucción ambiental filmada en un escenario cinematográfico).

En nuestro viaje Olivia y yo vimos todo lo que hay que ver (ciertamente no poco, ni en cantidad ni en calidad). Para el día siguiente habíamos decidido hacer una visita a las ruinas de Monte Albán. El guía llegó puntualmente al hotel con el vehículo. En el árido y soleado campo crecen los agaves para el mezcal y el tequila, los nopales (que nosotros llamamos higueras de Indias), los espinados órganos, las jacarandas de flores azules. La carretera sube por los montes; Monte Albán es un complejo de ruinas entre las cimas que rodean un valle: templos, bajorrelieves, grandiosas gradas, plataformas para sacrificios humanos. Su horror, su misterio, su sacralidad han sido tragados por el turismo actual, que dicta comportamientos predeterminados, modestos sucedáneos de aquellos rituales. Contemplando las escalinatas tratamos de imaginarnos la sangre caliente que brotaba de un pecho partido por el cuchillo de piedra del sacerdote...

Tres civilizaciones se sucedieron en Monte Albán y las tres cambiaron de lugar las mismas piedras: los zapotecas destruyeron y reconstruyeron las obras olmecas y a su vez los mixtecas las zapotecas. Los calendarios labrados en bajorrelieve por las antiguas civilizaciones mexicanas muestran una concepción cíclica y trágica del tiempo: cada cincuenta y dos años el universo llegaba a su fin, los dioses morían, los templos se destruían, toda cosa celeste o terrenal cambiaba de nombre. Tal vez los pueblos que la historia identifica como los ocupantes sucesivos de este lugar eran uno solo cuya continuidad jamás se interrumpió a lo largo de la historia de masacres que se representa en los bajorrelieves; aquí se ven los jeroglíficos de los nombres de las aldeas conquistadas y el dios de la aldea colgado con la cabeza hacia abajo; aquí los prisioneros de guerra en cadenas, las cabezas desprendidas de las víctimas...

El guía a quien nos confió la agencia de turismo, un fortachón llamado Alonso, con los rasgos aplanados de las figuras olmecas (o mixtecas, o zapotecas), nos ilustra con mímica exuberante el famoso bajorrelieve de *Los danzantes*. Sólo algunas figuras representan realmente a danzantes con las piernas en movimiento (Alonso ejecuta unos pasos de danza); otras podrían ser de astrónomos que alzan su mano a modo de visera para escrutar las estrellas (Alonso adopta la pose de un astrónomo); pero la mayor parte representa a mujeres en el acto de parir (Alonso las imita). Nos dice que este templo se destinó al conjuro de los partos difíciles; los bajorrelieves posiblemente son imágenes votivas. Además, la danza pudo haber facilitado los partos mediante una mimesis mágica, particularmente cuando el bebé salía con los pies por delante (Alonso imita la mimesis mágica). Un bajorrelieve representa una cesárea con útero y trompas de Falopio prominentes (más brutal que nunca, Alonso mima la anatomía femenina para probar que el mismo martirio quirúrgico vinculaba los nacimientos y las muertes).

En las gesticulaciones de nuestro guía todo tomaba un sentido truculento, como si la sombra de los templos de los sacrificios se proyectara en cada uno de sus actos y pensamientos. Todas las figuras del bajorrelieve están ligadas a su correspondiente rito sanguinario: una vez que la fecha más propicia se determinaba mediante la contemplación de las estrellas, el sacrificio se realizaba con el acompañamiento de danzas rituales; los partos al parecer no tenían otra finalidad que la de proporcionar más guerreros para las guerras de captura de víctimas. Las figuras que aparentemente corren, luchan o juegan a la pelota no representan atletas que compiten pacíficamente, sino prisioneros de guerra obligados a competir para decidir a cuál le tocará primero subir al altar.

—¿Sacrificaban al perdedor? —preguntó.

—¡No, al vencedor! —y el rostro de Alonso se ilumina—. ¡Era un honor dejarse partir el pecho por un puñal de obsidiana! —y en un crescendo de patriotismo ancestral, como si así alabara la excelencia del saber científico de los antiguos pueblos, ahora el buen descendiente de los olmecas sentía el deber de exaltar el ofrecimiento que se le hacía al sol de un corazón palpitante, a fin de que la aurora regresara a iluminar al mundo cada mañana. Entonces Olivia preguntó:

—¿Pero qué se hacía después con el cuerpo de las víctimas?

Alonso enmudeció.

—Sí, esos miembros, esas vísceras —insistió Olivia—, se ofrecían a los dioses, *va bene,* pero en la práctica, ¿qué se hacía con todo? ¿Se quemaba?

—No, no se quemaba.

—¿Entonces qué? Sin duda un ofrecimiento a los dioses no podía enterrarse, dejar que se pudriera.

—Los zopilotes —dijo Alonso—, los buitres. Eran ellos quienes escombraban los altares y se llevaban al cielo los restos.

Los buitres...

—¿Siempre? —Olivia preguntaba, con una insistencia que no logro explicarme.

Alonso se vuelve elusivo, busca desviar la conversación, se apresura a mostrarnos los pasajes que unían las habitaciones de los sacerdotes a los templos en cuya cima hacían su aparición con máscaras aterradoras. El entusiasmo pedagógico del guía tenía algo de irritante porque daba la impresión de estarnos impartiendo una lección simplificada para que cupiera en nuestro pobre cerebro de profanos, aunque claro es que él sabía mucho más sobre el tema, cosas que se cuidaba de decir. Posiblemente esto fue lo que Olivia advirtió y que desde ese momento la llevó a encerrarse en un silencio contrariado que continuó durante el resto de la visita a las ruinas y todavía en el turbulento jeep que nos llevó de regreso a Oaxaca.

Durante el recorrido lleno de curvas quise interceptar la mirada de Olivia. Ella iba en el asiento delantero, y ya fuese por las sacudidas del jeep o por el desnivel entre nosotros, percibí que mi mirada buscaba fijarse no en sus ojos sino en sus dientes (tenía los labios abiertos, con una expresión pensativa). Por primera vez no vi en esos dientes los destellos de una sonrisa sino los instrumentos más adecuados para su función: hundirse en la carne, triturarla, desgarrarla, y así como se busca leer en los ojos de una persona sus pensamientos, ahora yo veía en esos dientes afilados y fuertes un deseo refrenado, una expectación.

Al regresar al hotel nos dirigimos hacia el amplio vestíbulo (la antigua capilla del convento) que teníamos que atravesar para llegar al costado donde estaba nuestra habitación; nos sorprendió un clamor, como el de una cascada que cae, rebota y burbujea, formando mil riachuelos, remolinos y chorros. Mientras más nos íbamos acercando, más el homogéneo fragor se deshacía en los trinos, gorjeos, pitidos, silbidos que muchas aves dentro de una gran jaula emitían al batir sus alas. Desde el umbral (la sala estaba unos escalones más abajo que el corredor) se nos apareció un campo de primaverales sombreritos —los tenían en la cabeza multitud de señoras sentadas en torno a mesas servidas—.

Se extendían en el país entero las campañas para la elección del nuevo presidente de la república: la esposa del candidato oficial había invitado a las esposas de los señores de Oaxaca a un té de imponentes proporciones. Bajo la extensa bóveda, trescientas señoras mexicanas conversaban todas al unísono: el grandioso efecto acústico que nos había sojuzgado de inmediato era producido por las voces mezcladas con el tintineo de las tazas y las cucharitas, de los cuchillos que trinchaban rebanadas de pastel. Presidía la reunión una gigantesca imagen a todo color de una dama de redondo rostro y estirado cabello negro y lacio, que vestía una prenda azul de la que solamente se veía el cuello abotonado, efigie similar en suma a las oficiales del presidente Mao Zedong.

Tuvimos que abrirnos paso entre las mesas del convite para llegar al patio y de allí a la escalera que subía hasta nuestra habitación; estábamos a punto de salir cuando de una de las mesas en el fondo de la sala uno de los pocos hombres presentes se levantó y vino a nuestro encuentro con los brazos abiertos. Era nuestro amigo Salustiano Velazco, un miembro distinguido del nuevo gabinete presidencial que como tal participaba en las fases más críticas de la campaña electoral. No lo habíamos visto desde que salimos de la capital y ahora él dejaba su sitio de honor en el convite para acompañarnos hasta el patio (posiblemente también para sustraerse durante unos momentos de ese ambiente en que el predominio triunfal de las señoras comprometía su caballerosa certeza en la supremacía masculina) y manifestarnos con su acostumbrada exuberancia la felicidad que le daba encontrarse con nosotros y enterarse de las últimas etapas de nuestro viaje.

Más que informarse de todo lo que habíamos visto, empezó por señalarnos lo que seguramente habíamos omitido en los lugares donde habíamos estado y que solamente habríamos podido ver estando con él: esquema retórico que los apasionados conocedores de un país se sienten en la obligación de utilizar con los visitantes, siempre con las mejores intenciones, pero que logra arruinar el placer de quien regresa de una excursión orgulloso de sus pequeñas o grandes experiencias. Hasta el patio llegaba el fragor cordial del distinguido gineceo y lograba ahogar al menos la mitad de nuestras palabras, de modo que yo no estaba para nada seguro de que no nos estuviera reprochando el haber omitido ver las cosas que acabábamos de contarle que habíamos visto.

—Y hoy fuimos a Monte Albán —me apresuré a decirle alzando la voz—, las gradas, los bajorrelieves, los altares de los sacrificios...

Salustiano se llevó una mano a la boca para extenderla ante su cara, gesto que daba testimonio de una emoción que por ser demasiado grande era imposible expresar con palabras. Empezó a hablar de detalles arqueológicos y etnográficos que se perdían en el estruendo del convite y que me hubiera gustado mucho poder captar frase a frase. Por los gestos y palabras sueltas que logré oír, "sangre... obsidiana... divinidad solar", entendí que hablaba de los sacrificios humanos y que lo hacía con una mezcla de admiración participativa y sagrado horror, actitud que por su conocimiento mayor de las implicaciones culturales y las alusiones correspondientes contrastaba con la del tosco cicerón de nuestra excursión.

Entonces la ágil Olivia, que podía seguir la perorata de Salustiano mejor que yo, intervino para hacerle una pregunta; comprendí que le repetía lo mismo que le había dicho esa tarde a Alonso:

—¿Qué hacían con los restos que los zopilotes no consumían?

De los ojos de Salustiano saltaron hacia Olivia chispas de entendimiento; también yo entendí la intención detrás de la pregunta, especialmente porque Salustiano había adoptado su típico tono confidencial, cómplice, y decía las palabras en un tono más bajo, por eso mismo parecían atravesar con mayor facilidad el muro de sonidos entre nosotros.

—Quizá... Los sacerdotes... Eso también formaba parte del rito... En verdad se sabe poco al respecto... Eran ceremonias secretas... Sí, el alimento ritual... El sacerdote asumía las funciones del dios... De allí que la víctima, manjar divino...

¿A este punto quería llegar Olivia? ¿A hacerle admitir eso? Ella insistió:

—¿Pero cómo era esa comida ritual?

—Repito, sólo son suposiciones... Al parecer también los príncipes y los guerreros participaban... La víctima se había convertido en parte del dios, transmitía la fuerza divina... —Aquí Salustiano cambió de tono, se llenó de arrogancia, dramatismo, exaltación—. El único que no podía tocar la carne era el guerrero que había capturado al prisionero sacrificado... Se mantenía aparte, llorando...

Olivia no parecía satisfecha:

—Pero no se sabe nada de esa carne, de cómo se comía, de la cocina, la cocina sagrada, de la manera de prepararla, de los condimentos, ¿no se sabe nada?

Salustiano parecía pensativo. Los invitados habían redoblado su algarabía y Salustiano ahora parecía hipersensible al estrépito: se daba golpecitos en la oreja con un dedo como para indicar que el bullicio le impedía continuar.

—Sí, tenían que existir ciertas reglas... Tenía que ser un alimento que sólo se podía ingerir en una ceremonia especial... Los honores que ameritaba... Por respeto a los sacrificados que habían sido jóvenes valientes... Por respeto al dios... Era una carne que no se podía comer así como así, como cualquier otro alimento... Y el sabor...

—¿Dicen que no sabe bien?

—Es un sabor extraño, dicen...

—Serían necesarios los condimentos... cosas fuertes...

—Tal vez había que esconder el sabor... Se apelaba a todos los sabores para disimular aquel sabor...

Y Olivia:

—Pero los sacerdotes... ¿no dejaron nada escrito al respecto?... ¿no se transmitió nada?

Salustiano movía la cabeza de lado a lado.

—Un misterio... Su vida estaba rodeada de misterio...

Y Olivia, Olivia ahora le insinuaba:

—Tal vez aquel sabor emergía de todas maneras... incluso en medio de los demás sabores.

Salustiano se llevó los dedos a los labios como para filtrar sus palabras:

—Era una cocina sagrada... Celebraba la armonía de los elementos que se reunían mediante el sacrificio, una armonía terrible, flamígera, incandescente...

Calló de repente, casi arrepentido de haber dicho demasiado o quizá porque se le ocurrió que debía volver al banquete, y se disculpó apresuradamente de no poder seguir con nosotros, pues tenía que regresar a su lugar.

Nos sentamos a esperar a que cayera la noche en uno de los cafés bajo los pórticos del zócalo —la plaza cuadrada que es el corazón de toda vieja ciudad colonial— frente al bien podado verdor de los árboles de poca altura que llaman "almendros" pero que no se parecen a nuestros *mandorli*. Las banderitas de papel y las mantas que celebraban la visita del candidato oficial ponían todo de su parte para darle un aire festivo al zócalo. Las buenas familias oaxaqueñas se paseaban bajo los pórticos, algunos *hippies* estadunidenses buscaban a la vieja del mezcal, andrajosos vendedores ambulantes extendían tejidos de colores en el suelo. De una plaza cercana llegaba el eco de los altavoces de una magra manifestación opositora. Mujeres gordas en cuclillas freían tortillas y vegetales.

En el quiosco en medio de la plaza tocaba una orquesta. Me traía recuerdos amables de los anocheceres de la Europa provincial y familiar que me había tocado vivir y olvidar. Pero la evocación era una especie de *trompe l'œil;* mi intención de rechazarla producía el efecto contrario, infundiéndome un gran sentimiento de distancia multiplicada por el tiempo y el espacio. Los miembros de la orquesta, vestidos con trajes negros y corbatas, impasibles sus oscuros rostros indios, tocaban para los multicolores turistas de relajado atuendo, habitantes de un verano perpetuo; tocaban para las pandillas de viejos y viejas que con todo el resplandor de sus dentaduras falsas fingían ser jóvenes, para los racimos de muchachos encorvados y meditabundos que parecían estar añorando que las canas blanquearan su rubia barba y fluida cabellera, enfundados en toscas prendas y cargados de mochilas como las figuras alegóricas del invierno en los calendarios antiguos.

—Quizá el tiempo ha llegado a su fin y el sol ya se cansó de salir. Sin víctimas que devorar Cronos se muere extenuado y los tiempos y las estaciones han enloquecido.

—Tal vez la muerte del tiempo sólo nos concierne a nosotros —respondió Olivia—, nosotros que nos desgarramos y pretendemos no saberlo y fingimos no sentir los sabores...

—Quieres decir que los sabores... que aquí se usan sabores más fuertes porque saben... porque aquí comían...

—Lo mismo sucede en casa hoy en día... Sólo que nosotros ya no lo sabemos, no nos atrevemos a saberlo y ellos sí se atrevieron... Ellos no lo mistificaron, el horror estaba allí, ante sus ojos, todo se lo comían hasta que no quedara un hueso sin roer y por eso los sabores...

—¿Se usaban para disimular *ese* sabor? —interpuse, reanudando la cadena de hipótesis de Salustiano.

—Tal vez no se podía, no se *debía* disimular... Porque hubiera sido como no comer lo que se comía... Tal vez los otros sabores tenían la función de exaltar aquel sabor, de darle un trasfondo digno, de honrarlo...

Al oír estas palabras sentí de nuevo la necesidad de mirarle los dientes, como me había sucedido durante el trayecto en el jeep. Pero en ese momento de entre sus labios se asomó la lengua, húmeda de saliva, y de inmediato desapareció, como si Olivia estuviera saboreando algo mentalmente. Comprendí que se estaba imaginando el menú de la cena.

Ese menú —que nos ofrecieron en un restaurante que encontramos entre calles de casas bajas con rejas de hierros curvos— empezó con una bebida rosácea que nos sirvieron en un tazón de vidrio soplado: una sopa de camarones, picante en extremo gracias a un tipo de chile que hasta entonces no habíamos probado y que pudo haber sido el famoso chile jalapeño. Luego el cabrito, del que cada bocado era una sorpresa pues los dientes se encontraban con un fragmento crocante y luego con otro que se derretía en la boca.

—¿No comes? —me preguntó Olivia, a quien miraba absorto y que estaba muy alerta como siempre aunque parecía ensimismada en la degustación de su plato. Yo me imaginaba la sensación de sus dientes en mi carne, sentía cómo su lengua me lanzaba contra el paladar, me envolvía en saliva, me metía bajo sus afilados caninos. Aunque estaba sentado allí frente a ella, sentía como si una parte de mí, o como si todo yo estuviera dentro de su boca siendo triturado, desgarrado fibra por fibra. Situación no totalmente pasiva pues mientras me masticaba yo sentía que le transmitía activamente sensaciones que se propagaban de las papilas de su boca a todo su cuerpo, que era yo quien provocaba cada una de sus vibraciones: la nuestra era una relación recíproca y completa que nos comprometía y nos arrastraba.

Recuperé mi compostura; ambos la recuperamos. Saboreamos con atención la ensalada de tiernas hojas de higuera de Indias (la ensalada de nopalitos) aderezada con ajo, cilantro, chile, aceite y vinagre; luego el rosa y cremoso dulce de maguey (una variedad del agave), todo ello acompañado de tequilas con sangrita y seguido de café con canela.

Pero el tipo de relación que se había establecido entre nosotros a través de la degustación exclusivamente, hasta el punto de no identificarse con otra cosa que no fuera la comida, esta relación que en mi fantasía se correspondía con los más profundos deseos de Olivia, en realidad no le agradaba y su irritación encontraría desahogo durante esa misma cena.

—Qué aburrido eres, qué monótono —comenzó por decir, reanudando sus quejas sobre mi temperamento poco comunicativo y mi costumbre de confiarle a ella toda la responsabilidad de mantener viva la conversación cuando estábamos frente a frente en una mesa de restaurante. Yo no podía menos que aceptar los fundamentos verídicos de sus recriminaciones e identificarlos con las razones básicas de nuestra cohesión como pareja: Olivia veía, sabía captar, aislar y definir con mayor agilidad muchas más cosas que yo y por eso mi relación con el mundo pasaba esencialmente a través de ella.

—Estás siempre metido en ti mismo, eres incapaz de participar en lo que te rodea, de entregarte al prójimo, jamás se ve en ti un gesto de entusiasmo y siempre estás dispuesto a extinguir el entusiasmo de los demás, eres deprimente, indiferente.

En el inventario de mis defectos esta vez apareció un adjetivo nuevo o que por lo menos se cargó en mis oídos de un nuevo significado: *¡insípido!*

En efecto, pensé, soy insípido, y había sido necesaria la cocina mexicana con toda su audacia y fantasía para que Olivia se alimentase de mí satisfactoriamente: los sabores más candentes eran el complemento, incluso el medio de comunicación indispensable —como una especie de altavoz que amplifica los sonidos— para que Olivia se pudiera nutrir de mi sustancia.

—Puede ser que yo te parezca insípido —contesté airado—, pero hay matices de sabores más discretos y moderados que los del chile, aromas sutiles que hay que saber reconocer.

—La cocina es el arte de dar relieve a los sabores

con otros sabores —replicó Olivia—, pero si la materia prima es insulsa no hay condimento que pueda realzar su inexistente sabor.

Al día siguiente Salustiano Velazco nos llevó a visitar unas excavaciones recientes que aún no habían sido invadidas por los turistas.

Una estatua de piedra sobresalía apenas del suelo, una figura inconfundible que aprendimos a reconocer desde los primeros días de nuestra peregrinación arqueológica mexicana: el Chac-Mool, forma humana en pose casi etrusca, medio sentada medio supina, que sostiene una bandeja sobre el vientre; parece un tosco muñeco bonachón pero en aquel plato los corazones de las víctimas eran ofrecidos al dios.

—Mensajero de los dioses: ¿qué significa eso?, —pregunto yo, que había leído la definición en una guía—. ¿Es un demonio enviado por los dioses a la Tierra para recibir la ofrenda?, ¿o un emisario de los hombres que debe ir al encuentro de los dioses para entregarles el alimento?

—Quizá... —respondió Salustiano con el aire perplejo que asumía ante las cuestiones sin solución, atento a las voces internas que tenía a su disposición en una especie de catálogo de su sabiduría—. Podría tratarse de la misma víctima, tendida en el altar, que ofrece las propias vísceras en el plato... o el sacrificador que adopta la pose de la víctima porque sabe que al día siguiente será su turno... Sin tal reciprocidad el sacrificio humano sería inconcebible... Todos eran potencialmente sacrificadores y víctimas... La víctima aceptaba serlo porque había luchado para capturar a otras víctimas...

—¿Podían comerse porque ellos también habían

comido carne humana? —abundo yo, pero Salustiano ya está hablando de la serpiente como símbolo de la continuidad de la vida y del cosmos.

Yo lo había entendido todo, sin embargo; mi error con Olivia consistía en pensar que era ella quien me comía pero tenía que ser yo, más bien lo era (siempre lo había sido) el que se la comía. La carne humana más apetitosa es la del hombre que ha comido carne humana. Sólo dejaría de ser insípido para el paladar de Olivia cuando me nutriera de ella a mi vez vorazmente.

Con tal propósito me senté a cenar con ella esa noche.

—¿Pero qué tienes? Estás extraño esta noche —dijo Olivia, a quien jamás se le escapaba una. Nuestro platillo se llamaba gorditas pellizcadas con manteca, literalmente *pafuttelle pizzicate al burro*. Yo estaba absorto en la tarea de devorar en cada bocado toda la fragancia de Olivia mediante una masticación voluptuosa, una vampírica extracción de sus jugos vitales, pero me daba cuenta de que, en lo que debería haber sido una relación de tres términos, yo-bocado-Olivia, se había introducido un cuarto elemento que había adquirido un papel predominante: el nombre mismo de los bocados. Era sobre todo el nombre de las *gorditas pellizcadas con manteca* lo que yo saboreaba, asimilaba y poseía. Tanto así que su magia siguió influyendo en mi ánimo incluso después de la cena, cuando ya tarde regresamos abrazados al cuarto de hotel. Por vez primera en nuestro viaje por México se deshizo el encantamiento de que habíamos sido víctimas y la inspiración que había bendecido los mejores momentos de nuestra convivencia nuevamente nos visitó.

En la mañana nos encontramos sentados en nuestra cama en la pose del Chac-Mool y con el semblante átono de las estatuas de piedra. Teníamos en el regazo la charola del anónimo desayuno hotelero que quisimos aderezar con sabores locales pidiendo que fuera acompañado de mangos, papayas, chirimoyas, guayabas, frutas que esconden en la dulzura de su pulpa sutiles acentos de aspereza y amargura.

Nuestro viaje continuó en territorio maya. Los templos de Palenque emergen de la selva tropical entre imponentes montañas de densa vegetación: enormes amates con troncos que se multiplican como raíces, maculíes de fronda lila, aguacates, cada árbol envuelto en un manto de lianas, enredaderas y plantas parásitas. Al descender la escalinata del Templo de las Inscripciones fui presa del vértigo. A Olivia no le gustaba subir y bajar escaleras y no había querido seguirme; permaneció entre la confusión de los grupos ruidosos y coloridos que los autobuses expelen y engullen continuamente en la explanada entre los templos. Sin ella trepé el Templo del Sol hasta el bajorrelieve del Sol Jaguar, el Templo de la Cruz Foliada hasta el bajorrelieve del quetzal de perfil y finalmente el Templo de las Inscripciones, que no sólo obliga al ascenso (y su correspondiente descenso) de la escalinata monumental sino también a bajar (y por consecuencia a subir) en la oscuridad la escalerita que conduce a la cripta subterránea. En la cripta está la tumba del rey sacerdote (cuyo perfecto facsímil pocos días antes había visto con mucha mayor comodidad en el Museo de Antropología en la ciudad de México) con la elaboradísima losa de piedra donde se puede ver al rey maniobrando una máquina de ciencia ficción que a nuestros ojos es similar a las que sirven para lanzar las naves espaciales y que sin embargo representa el descenso del muerto al reino de los dioses subterráneos y su reencarnación vegetal.

Bajé y subí nuevamente hasta la luz del sol jaguar, hasta el mar de savia verde de la vegetación. El mundo giró, caí degollado por el cuchillo del rey sacerdote desde los altos peldaños hasta la selva de turistas con cámaras y usurpados sombreros de ala ancha. La energía solar fluía por intrincadísimas redes de sangre y clorofila, yo vivía y moría en todas las fibras de lo que masticamos y digerimos, en todas las fibras que se apropian del sol comiéndolo y digiriéndolo.

Olivia me esperaba bajo la palapa de un restaurante a la orilla del río. Nuestros dientes empezaron a moverse con ritmo parejo y nuestras miradas se prendieron una de la otra con la intensidad de serpientes entregadas al éxtasis de engullirse mutuamente. Sabíamos que nosotros también estábamos siendo consumidos por la serpiente que a todos digiere y asimila incesantemente en el proceso de ingestión y digestión del canibalismo universal que sella con la mirada toda relación amorosa y anula los límites entre el cuerpo y la sopa de frijoles, el huachinango a la veracruzana, las enchiladas...

Traducción de Mariano Sánchez Ventura

LA NOCHE BOCA ARRIBA

Julio Cortázar

> Y salían en ciertas épocas a cazar enemi-
> gos; le llamaban la guerra florida.

A mitad del largo zaguán del hotel pensó que debía ser tarde, y se apuró a salir a la calle y sacar la motocicleta del rincón donde el portero de al lado le permitía guardarla. En la joyería de la esquina vio que eran las nueve menos diez; llegaría con tiempo sobrado adonde iba. El sol se filtraba entre los altos edificios del centro, y él —porque para sí mismo, para ir pensando, no tenía nombre— montó en la máquina saboreando el paseo. La moto ronroneaba entre sus piernas, y un viento fresco le chicoteaba los pantalones.

Dejó pasar los ministerios (el rosa, el blanco) y la serie de comercios con brillantes vitrinas de la calle Central. Ahora entraba en la parte más agradable del trayecto, el verdadero paseo: una calle larga, bordeada de árboles, con poco tráfico y amplias villas que dejaban venir los jardines hasta las aceras, apenas demarcadas por setos bajos. Quizá algo distraído, pero corriendo por la derecha como correspondía, se dejó llevar por la tersura, por la leve crispación de ese día apenas empezado. Tal vez su involuntario relajamiento le impidió prevenir el accidente. Cuando vio que la mujer parada en la esquina se lanzaba a la calzada a pesar de las luces verdes, ya era tarde para las soluciones fáciles. Frenó con el pie y la mano, desviándose a la izquierda; oyó el grito de la mujer, y junto con el choque perdió la visión. Fue como dormirse de golpe.

Volvió bruscamente del desmayo. Cuatro o cinco hombres jóvenes lo estaban sacando de debajo de la moto. Sentía gusto a sal y sangre, le dolía una rodilla, y cuando lo alzaron gritó, porque no podía soportar la presión en el brazo derecho. Voces que no parecían pertenecer a las caras suspendidas sobre él, lo alentaban con bromas y seguridades. Su único alivio fue oír la confirmación de que había estado en su derecho al cruzar la esquina. Preguntó por la mujer, tratando de dominar la náusea que le ganaba la garganta. Mientras lo llevaban boca arriba hasta una farmacia próxima, supo que la causante del accidente no tenía más que rasguños en la piernas. "Usté la agarró apenas, pero el golpe le hizo saltar la máquina de costado..." Opiniones, recuerdos, despacio, éntrenlo de espaldas, así va bien y alguien con guardapolvo dándole de beber un trago que lo alivió en la penumbra de una pequeña farmacia de barrio.

La ambulancia policial llegó a los cinco minutos, y lo subieron a una camilla blanda donde pudo tenderse a gusto. Con toda lucidez, pero sabiendo que estaba bajo los efectos de un shock terrible, dio sus señas al policía que lo acompañaba. El brazo casi no le dolía; de una cortadura en la ceja goteaba sangre por toda la cara. Una o dos veces se lamió los labios para beberla. Se sentía bien, era un accidente, mala suerte; unas semanas quieto y nada más. El vigilante le dijo que la motocicleta no parecía muy estropeada. "Natural", dijo él. "Como que me la ligué encima..." Los dos rieron y el vigilante le dio la mano al llegar al hospital y le deseó buena suerte. Ya la náusea volvía poco a poco; mientras lo llevaban en una camilla de ruedas hasta un pabellón del fondo, pasando bajo árboles llenos de pájaros, cerró los ojos y deseó estar dormido o cloroformado. Pero lo tuvieron largo rato en una pieza con olor a hospital, llenando una ficha, quitándole la ropa y vistiéndolo con una camisa grisácea y dura. Le movían cuidadosamente el brazo, sin que le doliera. Las enfermeras bromeaban todo el tiempo, y si no hubiera sido por las contracciones del estómago se habría sentido muy bien, casi contento.

Lo llevaron a la sala de radio, y veinte minutos después, con la placa todavía húmeda puesta sobre el pecho como una lápida negra, pasó a la sala de operaciones. Alguien de blanco, alto y delgado, se le acercó y se puso a mirar la radiografía. Manos de mujer le acomodaban la cabeza, sintió que lo pasaban de una camilla a otra. El hombre de blanco se le acercó otra vez, sonriendo, con algo que le brillaba en la mano derecha. Le palmeó la mejilla e hizo una seña a alguien parado atrás.

Como sueño era curioso porque estaba lleno de olores y él nunca soñaba olores. Primero un olor a pantano, ya que a la izquierda de la calzada empezaban las marismas, los tembladerales de donde no volvía nadie. Pero el olor cesó, y en cambio vino una fragancia compuesta y oscura como la noche en que se movía huyendo de los aztecas. Y todo era tan natural, tenía que huir de los aztecas que andaban a caza de hombre, y su única probabilidad era la de esconderse en lo más denso de la selva, cuidando de no apartarse de la estrecha calzada que sólo ellos, los motecas, conocían.

Lo que más lo torturaba era el olor, como si aun en la absoluta aceptación del sueño algo se revelara contra eso que no era habitual, que hasta entonces no había participado del juego. "Huele a guerra", pensó, tocando instintivamente el puñal de piedra atravesado en su ceñidor de lana tejida. Un sonido inesperado lo hizo agacharse y quedar inmóvil, temblando. Tener miedo no era extraño, en sus sueños abundaba el miedo. Esperó, tapado por las ramas de un arbusto y la noche sin estrellas. Muy lejos, probablemente del otro lado del gran lago, debían estar ardiendo fuegos de vivac; un resplandor rojizo teñía esa parte del cielo. El sonido no se repitió. Había sido como una rama quebrada. Tal vez un animal que escapaba como él del olor a guerra. Se enderezó despacio, venteando. No se oía nada, pero el miedo seguía allí como el olor, ese incienso dulzón de la guerra florida. Había que seguir, llegar al corazón de la selva evitando las ciénagas. A tientas, agachándose a cada instante para tocar el suelo más duro de la calzada, dio algunos pasos. Hubiera querido echar a correr, pero los tembladerales palpitaban a su lado. En el sendero en tinieblas, buscó el rumbo. Entonces sintió una bocanada horrible del olor que más temía, y saltó desesperado hacia adelante.

—Se va a caer de la cama —dijo el enfermo de al lado—. No brinque tanto, amigazo.

Abrió los ojos y era de tarde, con el sol ya bajo en

los ventanales de la larga sala. Mientras trataba de sonreír a su vecino, se despegó casi físicamente de la última visión de la pesadilla. El brazo, enyesado, colgaba de un aparato con pesas y poleas. Sintió sed, como si hubiera estado corriendo kilómetros, pero no querían darle mucha agua, apenas para mojarse los labios y hacer un buche. La fiebre lo iba ganando despacio y hubiera podido dormirse otra vez, pero saboreaba el placer de quedarse despierto, entornados los ojos, escuchando el diálogo de los otros enfermos, respondiendo de cuando en cuando a alguna pregunta. Vio llegar un carrito blanco que pusieron al lado de su cama, una enfermera rubia le frotó con alcohol la cara anterior del muslo y le clavó una gruesa aguja conectada con un tubo que subía hasta un frasco lleno de líquido opalino. Un médico joven vino con un aparato de metal y cuero que le ajustó al brazo sano para verificar alguna cosa. Caía la noche, y la fiebre lo iba arrastrando blandamente a un estado donde las cosas tenían un relieve como de gemelos de teatro, eran reales y dulces y a la vez ligeramente repugnantes; como estar viendo una película aburrida y pensar que sin embargo en la calle es peor; y quedarse.

Vino una taza de maravilloso caldo de oro oliendo a puerro, a apio, a perejil. Un trocito de pan, más precioso que todo un banquete, se fue desmigajando poco a poco. El brazo no le dolía nada y solamente en la ceja, donde lo habían suturado, chirriaba a veces una punzada caliente y rápida. Cuando los ventanales de enfrente viraron a manchas de un azul oscuro, pensó que no le iba a ser difícil dormirse. Un poco incómodo, de espaldas, pero al pasarse la lengua por los labios resecos y calientes sintió el sabor del caldo, y suspiró de felicidad, abandonándose.

Primero fue una confusión, un atraer hacia sí todas las sensaciones por un instante embotadas o confundidas. Comprendía que estaba corriendo en plena oscuridad, aunque arriba el cielo cruzado de copas de árboles era menos negro que el resto. "La calzada", pensó. "Me salí de la calzada." Sus pies se hundían en un colchón de hojas y barro, y ya no podía dar un paso sin que las ramas de los arbustos le azotaran el torso y las piernas. Jadeante, sabiéndose acorralado a pesar de la oscuridad y el silencio, se agachó para escuchar. Tal vez la calzada estaba cerca, con la primera luz del día iba a verla otra vez. Nada podía ayudarlo ahora a encontrarla. La mano que sin saberlo él aferraba el mango del puñal, subió como un escorpión de los pantanos hasta su cuello, donde colgaba el amuleto protector. Moviendo apenas los labios musitó la plegaria del maíz que trae las lunas felices, y la súplica a la Muy Alta, a la dispensadora de los bienes motecas. Pero sentía al mismo tiempo que los tobillos se le estaban hundiendo despacio en el barro, y la espera en la oscuridad del chaparral desconocido se le hacía insoportable. La guerra florida había empezado con la luna y llevaba ya tres días y tres noches. Si conseguía refugiarse en lo profundo de la selva, abandonando la calzada más allá de la región de las ciénagas, quizá los guerreros no le siguieran el rastro. Pensó en los muchos prisioneros que ya habrían hecho. Pero la cantidad no contaba, sino el tiempo sagrado; la caza continuaría hasta que los sacerdotes dieran la señal del regreso. Todo tenía su número y su fin, y él estaba dentro del tiempo sagrado, del otro lado de los cazadores.

Oyó los gritos y se enderezó de un salto, puñal en mano. Como si el cielo se incendiara en el horizonte, vio antorchas moviéndose entre las ramas, muy cerca. El olor a guerra era insoportable, y cuando el primer enemigo le saltó al cuello casi sintió placer en hundirle la hoja de piedra en pleno pecho. Ya lo rodeaban las luces, los gritos alegres. Alcanzó a cortar el aire una o dos veces, y entonces una soga lo atrapó desde atrás.

—Es la fiebre —dijo el de la cama de al lado—. A mí me pasaba igual cuando me operé del duodeno. Tome agua y va a ver que duerme bien.

Al lado de la noche de donde volvía la penumbra tibia de la sala le pareció deliciosa. Una lámpara violeta velaba en lo alto de la pared del fondo como un ojo protector. Se oía toser, respirar fuerte, a veces un diálogo en voz baja. Todo era grato y seguro, sin ese acoso, sin... Pero no quería seguir pensando en la pesadilla. Había tantas cosas en qué entretenerse. Se puso a mirar el yeso del brazo, las poleas que tan cómodamente se lo sostenían en el aire. Le habían puesto una botella de agua mineral en la mesa de noche. Bebió del gollete, golosamente. Distinguía ahora las formas de la sala, las treinta camas, los armarios con vitrinas. Ya no debía tener tanta fiebre, sentía fresca la cara. La ceja le dolía apenas, como un recuerdo. Se vio otra vez saliendo del hotel, sacando la moto. ¿Quién hubiera pensado que la cosa iba a acabar así? Trataba de fijar el momento del accidente y le dio rabia advertir que había ahí como un hueco, un vacío que no alcanzaba a rellenar. Entre el choque y el momento en que lo habían levantado del suelo, un desmayo o lo que fuera no le dejaba ver nada. Y al mismo tiempo tenía la sensación de que ese hueco, esa nada, había durado una eternidad. No, ni siquiera tiempo, más bien como si en ese hueco él hubiera pasado a través de algo o recorrido distancias inmensas. El choque, el golpe brutal contra el pavimento. De todas maneras al salir del pozo negro había sentido casi un alivio mientras los hombres lo alzaban del suelo. Con el dolor del brazo roto, la sangre de la ceja partida, la contusión en la rodilla; con todo eso, un alivio al volver al día y sentirse sostenido y auxiliado. Y era raro. Le preguntaría alguna vez al médico de la oficina. Ahora volvía a ganarlo el sueño, a tirarlo despacio hacia abajo. La almohada era tan blanda, y en su garganta afiebrada la frescura del agua mineral. Quizá pudiera descansar de veras, sin las malditas pesadillas. La luz violeta de la lámpara en lo alto se iba apagando poco a poco.

Como dormía de espaldas, no lo sorprendió la posición en que volvía a reconocerse, pero en cambio el olor a humedad, a piedra rezumante de filtraciones, le cerró la garganta y lo obligó a comprender. Inútil abrir los ojos y mirar en todas direcciones; lo envolvía una oscuridad absoluta. Quiso enderezarse y sintió las sogas en las muñecas y los tobillos. Estaba estaqueado en el piso, en un suelo de lajas helado y húmedo. El frío le ganaba la espalda desnuda, las piernas. Con el mentón buscó torpemente el contacto con su amuleto, y supo que se lo habían arrancado. Ahora estaba perdido, ninguna plegaria podía salvarlo del final. Lejanamente, como filtrándose entre las piedras del calabozo, oyó los atabales de la fiesta. Lo habían traído al teocalli, estaba en las mazmorras del templo a la espera de su turno.

Oyó gritar, un grito ronco que rebotaba en las paredes. Otro grito, acabando en un quejido. Era él que gritaba en las tinieblas, gritaba porque estaba vivo, todo su cuerpo se defendía con el grito de lo que iba a venir, del final inevitable. Pensó en sus compañeros que llenarían otras mazmorras, y en los que ascendían ya los peldaños del sacrificio. Gritó de nuevo sofocadamente, casi no podía abrir la boca, tenía las mandíbulas agarrotadas y a la vez como si fueran de goma y se abrieran lentamente, con un esfuerzo interminable. El chirriar de los cerrojos lo sacudió como un látigo. Convulso, retorciéndose, luchó por zafarse de las cuerdas que se le hundían en la carne. Su brazo derecho, el más fuerte, tiraba hasta que el dolor se hizo intolerable y tuvo que ceder. Vio abrirse la doble puerta, y el olor de las antorchas le llegó antes que la luz. Apenas ceñidos con el taparrabos de la ceremonia, los acólitos de los sacerdotes se le acercaron mirándolo con desprecio. Las luces se reflejaban en los torsos sudados, en el pelo negro lleno de plumas. Cedieron las sogas, y en su lugar lo aferraron manos calientes, duras como el bronce; se sintió alzado, siempre boca arriba, tironeado por los cuatro acólitos que lo llevaban por el pasadizo. Los portadores de antorchas iban delante, alumbrando vagamente el corredor de paredes mojadas y techo tan bajo que los acólitos debían agachar la cabeza. Ahora lo llevaban, lo llevaban, era el final. Boca arriba, a un metro del techo de roca viva que por momentos se iluminaba con un reflejo de antorcha. Cuando en vez del techo nacieran las estrellas y se alzara ante él la escalinata incendiada de gritos y danzas, sería el fin. El pasadizo no acababa nunca, pero ya se iba a acabar, de repente olería el aire libre lleno de estrellas, pero todavía no, andaban llevándolo sin fin en la penumbra roja, tironeándolo brutalmente, y él no quería, pero cómo impedirlo si le habían arrancado el amuleto que era su verdadero corazón, el centro de la vida.

Salió de un brinco a la noche del hospital, al alto cielo raso dulce, a la sombra blanda que lo rodeaba. Pensó que debía haber gritado, pero sus vecinos dormían callados. En la mesa de noche, la botella de agua tenía algo de burbuja, de imagen traslúcida contra la sombra azulada de los ventanales. Jadeó, buscando el alivio de los pulmones, el olvido de esas imágenes que seguían pegadas a sus párpados. Cada vez que cerraba los ojos las veía formarse instantáneamente, y se enderezaba aterrado pero gozando a la vez del saber que ahora estaba despierto, que la vigilia lo protegía, que pronto iba a amanecer, con el buen sueño profundo que se tiene a esa hora, sin imágenes, sin nada... Le costaba mantener los ojos abiertos, la modorra era más fuerte que él. Hizo un último esfuerzo, con la mano sana esbozó un gesto hacia la botella de agua; no llegó a tomarla, sus dedos se cerraron en un vacío otra vez negro, y el pasadizo seguía interminable, roca tras roca, con súbitas fulguraciones rojizas, y él boca arriba gimió apagadamente porque el techo iba a acabarse, subía, abriéndose como una boca de sombra, y los acólitos se enderezaban y de la altura una luna menguante le cayó en la cara donde los ojos no querían verla, desesperadamente se cerraban y abrían buscando pasar al otro lado, descubrir de nuevo el cielo raso protector de la sala. Y cada vez que se abrían era la noche y la luna mientras lo subían por la escalinata, ahora con la cabeza colgando hacia abajo, y en lo alto estaban las hogueras, las rojas columnas de humo perfumado, y de golpe vio la piedra roja, brillante de sangre que chorreaba, y el vaivén de los pies del sacrificado que arrastraban para tirarlo rodando por las escalinatas del norte. Con una última esperanza apretó los párpados, gimiendo por despertar. Durante un segundo creyó que lo lograría, porque estaba otra vez inmóvil en la cama, a salvo del balanceo cabeza abajo. Pero olía la muerte, y cuando abrió los ojos vio la figura ensangrentada del sacrificador que venía hacia él con el cuchillo de piedra en la mano. Alcanzó a cerrar otra vez los párpados, aunque ahora sabía que no iba a despertarse, que estaba despierto, que el sueño maravilloso había sido el otro, absurdo como todos los sueños; un sueño en el que había andado por extrañas avenidas de una ciudad asombrosa, con luces verdes y rojas que ardían sin llama ni humo, con un enorme insecto de metal que zumbaba bajo sus piernas. En la mentira infinita de ese sueño también lo habían alzado del suelo, también alguien se le había acercado con un cuchillo en la mano, a él tendido boca arriba, a él boca arriba con los ojos cerrados entre las hogueras.

LA CABEZA DE PANCHO VILLA

Graeme Gibson

—Todo por amor —mientras el ranchero movía la cabeza de lado a lado con admiración, en sus pupilas brillaron reflejos. La mitad de su bigote afloró con meticuloso detalle y volvió a sumirse en la sombra—. Su rey, *how is it to say* rey?

—*King* —sin levantar la vista de su vaso ya seco, la mujer estadunidense habló como si no hubiera hablado.

—Sí... *King* Eduardo, *she understand the love, yes?* —El turista asintió, sin dejar de mirar a la mujer, y se volvió hacia el jardín que se extendía tras las atrofiadas palmeras, envueltas en su propia hojarasca. El brandy le quemaba la garganta, así que sorbió un poco de agua mineral y de nuevo oyó los escurridizos movimientos de las pequeñas criaturas entre la palma del techo. Sabía que el brandy pronto le parecería suave y costoso y que seguiría bebiéndolo hasta que se fuera a dormir.

A través del muro de vegetación vislumbró las luces de un vehículo que se acercaba subiendo con trabajo la pendiente. Obviamente era un carro viejo; sus luces no iluminaban nada. Siguió mirándolas distraídamente mientras el ranchero, volviendo al español, se maravillaba de todo a lo que Edward había renunciado. *The money, mucho dinero, ¿verdad?* El poder. Doce años antes, el turista habría entendido la mayor parte de la plática, pero ahora sólo alcanzaba a captar el sentido de algunas palabras y frases desconectadas. Algo sobre un reino y *su tierra* y luego *todos* de nuevo. *Todo por una mujer, por amor.* Alguna imagen, algún recuerdo de un antiguo rey muerto y su amor prohibido emergieron en su conciencia. Se concentró en las luces, tratando de adivinar en qué momento desaparecerían, cuándo aparecerían de nuevo. Se preguntó por qué no había música, unas guitarras por ejemplo, y sobriamente bajó la cabeza, con la esperanza de que el sentimentalismo agresivo del ranchero no exigiera de repente algo de él.

Eran cuatro los que estaban sentados en la mesa bajo la palapa de palma, en el jardín andrajoso de El Patio Palenque: el turista y el ranchero; la estadunidense, una mujer de cuarenta años bien usados, y el canadiense, un joven de labios rojos y dientes lisos. Como la mujer y el muchacho hablaban español y el ranchero poco inglés, el turista sólo se quedaba por la vaga esperanza de que sucediera algo. Sería un consuelo que hubiera música.

Súbitas risas en la mesa de junto, donde una pequeña familia se hallaba en plena celebración: el padre, un joven de ojos cristalinos, reclamaba algo mientras sus hijas, de cabello negro azabache lleno de listones azules y rojos, estallaban en risitas inclinando la cabeza. Sonrió y arrimó su silla más cerca de su mujer, que estaba llenando de pan la boca de un bebé. Pareció poner una mano sobre el muslo de la madre y sirvió vino en los vasos de ambos.

La sonora voz del ranchero que volvía sobre el mismo tema se alzó expectante. El turista lo miró. Hombre pequeño, gordo pero musculoso, vestido de inmaculado blanco, con el sombrero ladeado, giraba hacia él despacio con los hombros encogidos, como congelados; tenía los antebrazos alzados frente al torso, las palmas de las manos levantadas hacia el cielo, como si esperara una respuesta. Estallaron fuegos artificiales en el pueblo de abajo, y lanzando una lluvia de chispas dos cohetes se escabulleron entre los cerros. Al alzar su vaso, el turista descubrió que estaba vacío. Metió la mano entre las botellas para tomar un cigarro de su cajetilla, pero alcanzó la mano del ranchero, que le repitió la pregunta. Vio el delicado bordado en el puño de la guayabera y los tres elaborados anillos; sintió cómo los huesitos se le clavaban en la muñeca.

La mano se relajó cuando la estadunidense habló con su voz incorpórea.

—Quiere saber cuántos hubiéramos sido capaces de hacer lo mismo —el coche (de hecho era una camioneta) se arrastró hasta quedar bajo el haz de luz en la entrada del patio, mientras el ranchero con impaciencia corregía a la mujer—. Pregunta cuántas personas hoy, en nuestros tiempos… —Un hombre vestido con uniforme caqui, un hombre sólido, con una pistola en el cinturón, salió de la camioneta y, tocando en la puerta trasera, dijo algo a alguien que se había quedado adentro.

—¿Me pregunta a mí? —Y de repente recordó qué era: una serie de fotografías en la revista *Life,* personas famosas dando un salto sobre el suelo ante la cámara de un ambicioso fotógrafo: Richard Nixon antes de que fuera presidente y Robert Oppenheimer, Marilyn

Monroe, atrapada en el aire abrazándose como para protegerse, las piernas ocultas bajo el trasero, gloriosa y desgraciada, como si nunca fuera a caer, y el duque y la duquesa de Windsor, sus rostros ya secos y arrugados, rostros de muñecos de manzana. Se habían quitado los zapatos para la foto. Agarrados de la mano, los dedos entrelazados, saltaron al unísono; increíblemente vulnerables, colgaban ahí sobresaltados y serios—. No somos muchos los que tendríamos esa oportunidad —dijo. La mujer se encogió de hombros así que el turista se volvió hacia el ranchero—. *No es importante* —no parecieron escucharlo, aunque los dedos soltaron su muñeca. Concluyó sombríamente que ya no sabía qué estaba pasando. Trató de recordar lo que la mujer había dicho: ¿cuántas personas en nuestro tiempo lo harían? ¿Era ésa la pregunta? El ranchero parecía mirarlo de reojo. ¿Harían qué?—. *No tenemos la posibilidad, la tentación* —la mujer alzó la vista de sus manos, posadas en la mesa; era una mirada incierta, defensiva, como si temiera lo que él diría después. Luego, sorpresivamente, sonrió. La boca marchita se abrió para revelar la punta de la lengua entre los pequeños dientes. Experimentó un estremecimiento inesperado de deseo. Quizá podía irse con ella. En vez de regresar al cuarto con su mujer, la seguiría y entre la vegetación en torno a la palapa le diría que sus pómulos eran extraordinarios o algo por el estilo y ella se le abriría con pequeños gritos…

Se inclinó hacia ella buscando su vaso; en ese momento el hombre de caqui apareció tras el mostrador del bar. Sólido y chaparro, era un soldado o un policía, claramente un oficial, con un destello de oro en los dientes. La joven familia en la mesa de al lado se calló. La madre meció a su bebé nerviosamente y se abrió la blusa para darle el pecho. El padre clavó la mirada en su plato a medio terminar y encendió un cigarrillo.

—*El capitán* —dijo la estadunidense sin mover los labios. El ranchero se enderezó, respiró hondo y extendió la mano para tomar la botella. Sus tres anillos, todos con joyas, brillaron sobre los vasos de la mesa—. Es el jefe de policía —el turista sorbió su brandy y chupó su cigarrillo. Asintiendo vigorosamente, el mesero desvió el rostro cuando el capitán se inclinó para decirle algo directamente al oído—, y un auténtico payaso —dijo la mujer—. Un payaso fascista…

—*Chingao* —el canadiense dijo la grosería alegremente—. Cristo, odio a esos cabrones. A ver, dame fuego, ¿no? *Gracias* —reclinó su silla contra la columna, mientras mordía el filtro del cigarro y fruncía el rostro entre el humo, luego dijo algo en español. La mujer protestó pero se rió con él. El ranchero golpeó la mesa como advertencia, y desde el pabellón detrás de los árboles las guitarras irrumpieron salvajemente a través de una minúscula bocina. La aguja saltó y rechinó, y tras una pausa regresó el sonido.

El claxon de un auto cercano empezó a sonar con insistencia, sin motivo aparente, y la mujer se empezó a molestar: sacudió la cabeza, giró los ojos para expresar el ficticio horror que le producían los bocinazos. El turista clavó los ojos en su boca delgada y aguda, en la columna de su garganta; ella pasó sus dedos entre los cabellos, dejando fugazmente al descubierto un delicado lóbulo. Él se imaginó mordiéndolo tiernamente.

—Igual que... ¿cómo se llamaba? El tal Idi Amin. ¿Sabes de quién hablo? —El canadiense intentaba mirar al capitán a través del humo flotante de su cigarrillo. El turista se preguntó si el muchacho era realmente tan estúpido. ¿Qué le incitaba a actuar así? ¿Y para quién actuaba, para la estadunidense? Ojalá ella dejara de reír—. Hay que matar a ese tipo de gente. ¡Pum! —dijo el canadiense, poniéndose el dedo índice en la sien.

El turista sintió que la risa le subía, contra su propia voluntad, como un dolor, a la boca del estómago. Se encogió, abrazándose el torso con los brazos, mientras el capitán salía tranquilo (casi al compás de la música) de atrás del mostrador del bar. El mesero tomó de prisa un vaso limpio y ágilmente se adelantó para poner una silla vacía en la mesa de la familia mexicana. El policía no se sentó, se inclinó sobre la joven madre, como para admirar al bebé.

—*Buenas noches* —dijo y después de una pausa—, *señora* —la mujer indígena respondió al saludo con la cabeza, sin alzar los ojos. Sus cabellos, del color metálico de un arma, estaban trenzados con listones blancos. Chupaba suavemente, sin inhalar el humo del cigarrillo que sostenía con el pulgar y el índice; el marido parecía no haber oído la insinuante voz.

El oficial posó su palma en el cráneo del bebé, los dedos extendidos, como si estuviera eligiendo un melón. El turista sólo entendió las palabras *un regalo* y también *magnífico*, mientras que el mesero, como si realizara una tarea dificilísima, vertía vino cuidadosamente en el vaso del capitán. Cuando el capitán hizo girar la cabecita para verle la cara, el moreno y húme-

108

do pezón se escurrió de la boquita. La mujer quiso arreglarse la blusa, pero el policía le detuvo la mano.

—*La cena* —con una carcajada explosiva. Cena, no interrumpan su cena. El turista ansiaba con desesperación un trago, pero la estadunidense había prendido su mano, clavándole las uñas en la piel.

Inclinándose sobre el bebé que gemía, el moreno seno henchido de leche, el capitán miraba. Frunció los labios, como chupando, haciendo ruiditos mientras se inclinaba cada vez más, hasta tocar con el visor de la gorra el hombro de la mujer. Afortunadamente el claxon se había callado, el disco había terminado. Se podían oír los ladridos de los perros en la colina vecina, mientras el policía se erguía, después de girar la cabecita del bebé para que volviera a encontrar el pezón.

—*Come bien* —nueva carcajada. Disfruta tu cena—. *Todos* —dijo, tomando el vaso que le extendió el mesero—, *salud, amor y pesitos* —el turista entendió mientras veía cómo el personaje se dejaba caer en la silla junto al joven marido y alargaba la mano para agarrar la botella—, y el tiempo para disfrutarlos...

—¡Jesucristo! —El canadiense se echó hacia adelante con un golpe. El policía se volvió hacia todos, como si no los hubiera visto antes. Igual que una cámara fotográfica, su rostro vacío y oscuro los miró sin curiosidad ni rencor—. Sólo porque trae una puta pistola... —Complicados diseños adornaban el mango y pernos de bronce se asomaban bajo la sólida panza, alineados en el cinturón. El turista se preguntó si tenía que saludarlo con la cabeza, reconocer y quizá desarmar esa mirada vacía, pero lo que hizo fue posar su mano ligeramente en la mano de la mujer. Un perro solitario ladraba espóradicamente, pero nada le respondía, ningún coro de ladridos.

—*Tío Pedro* —el oro brilló en los dientes del capitán—. *¿Qué tal?* —El ranchero, sorprendido con el vaso en el aire, hizo como si fuera a responder al saludo con un brindis, pero cambió de parecer y tomó un trago.

—*¿Tío?* —El canadiense silbó—. *¿Usted?* —Movimiento afirmativo del absurdo sombrero del ranchero, que tomó la botella pensativo. La mujer, tras un apretón final, retiró sus uñas de la piel del turista.

—Al parecer nuestro anfitrión es el tío del policía —dijo ella mientras veía cómo el ranchero llenaba su vaso.

—Es increíble —el canadiense sonrió ferozmente—. Fantástico, ¿no? *¡Wow!*

—*Please most careful* —torciendo la boca, el ranchero tomó la cajetilla del turista y les ofreció cigarros a todos—. *It is a very bad man* —dijo consternado, con un susurro, cuando el capitán les dio la espalda—. Muy... ¿cómo se dice? —Todos se inclinaron para escuchar, con aire de conspiradores—. *Most... furious.*

Dos días antes, justo después de que abordaron el tren, un hombre nervudo, flamante, con el uniforme de un oficial importante, metió a una muchacha regordeta de ojos grandes en el compartimiento adjunto. Luchando con la última maleta en el estrecho pasillo, el turista vio a la muchacha antes de que la puerta del compartimiento se cerrara; hurgaba su bolsa con el aire de alguien que ha olvidado algo, pero no recuerda qué. Sobre la manija, los dedos de aquel hombre parecían increíblemente limpios, las uñas perfectas como flores artificiales. Ahora sus voces, incluso los movimientos de su cuerpo, atravesaban tan nítidamente el panel divisor, que el turista y su esposa, cuando finalmente se atrevieron a hablar, lo hicieron con susurros de culpabilidad.

—¿Sabías —dijo ella dejando de leer cuando él entró con unas cervezas— que se robaron la cabeza de Pancho Villa?

—¿Quién se la robó?

—Pues unos… no se sabe quién fue. Nunca arrestaron a nadie.

—¿La cabeza de Pancho Villa? —Tras la ventana se deshilvanaba el día, caía la tarde sobre las barriadas de concreto crudo, el desmoronamiento de la miseria, las figuras en cuclillas alrededor de fogatas en medio de la calle. Y en el compartimiento adjunto no cesaba la monótona voz, la inagotable voz de la muchacha, que parecía estar dando explicaciones o pidiendo perdón. De vez en cuando el hombre hacía algún ruido tranquilizador, a veces se reía, pero ella casi no hacía pausas.

—Lo desenterraron —él advirtió que algunos mechones se habían salido de su chongo, que su rostro se veía tirante, casi lúgubre bajo la luz que moría—. Aquí dice que probablemente querían venderla.

—¿Quién querría comprar la cabeza de Pancho Villa?

—Mucha gente. ¡Por Dios, ojalá se callaran! —Y es que ahora se oían los esfuerzos físicos que hacía primero uno y luego el otro de sus vecinos al subirse entre risitas a la litera que corría de lado a lado en la parte superior del compartimiento. Era obvio que se encontraba justo tras el panel divisorio—. Dios mío —dijo ella. Quería que él fuera a llamar al guardia del tren—. Ve a llamarlo —insistió—. ¡Pídele que los calle! —Arrimada a la ventana, en la que ahora sólo se veía el reflejo de ambos dentro de su celda tambaleante, su mirada mostraba su enojo y repugnancia creciente—. Este maldito tren va casi vacío —luego, alzando la voz, pues la muchacha había empezado a chillar y el panel vibraba de manera alarmante, al ritmo galopante de aquella pareja—: seguro que nos puede dar otro compartimiento.

—Habrán terminado antes de que pueda encontrar a alguien.

—Nunca haces nada, ¿sabes? Nunca haces nada de nada.

—Ya van a terminar —insistió, tratando de no escuchar el escándalo, ¡pues, Dios, parecía que el hombre estuviera rugiendo!—. Vámonos al buffet.

Lo volvieron a hacer en la noche. Como había despertado de un sueño perturbador, en un principio no supo de qué se trataba: los interminables gemidos y el traqueteo, nuevamente los gruñidos y los forcejeos. Si no hubiera temido las reprimendas de su esposa (no era posible que siguiera durmiendo) habría salido al corredor o al mirador del último vagón del tren. Lo que hizo fue posar la palma de una mano en el delgado panel que tenía junto a la cara. Ella usaba guantes largos y se veía como la esposa de otro hombre. Hubiera dado igual que todos compartieran la misma cama.

Apoyado en el sucio barandal del mirador, desayunando Carta Blanca, los vio descender en una estación recién encalada. Después de la altitud de la ciudad de México, el aire parecía denso y estancado; la vegetación artificial, como si fuera de plástico, como si esperara para regresar a los pasillos de los edificios bancarios de Toronto. Antes de que desparecieran tras una esquina, vio que llevaba la misma falda rosa de satín, que acentuaba sus nalgas; el oficial seguía impecable.

Cerca, parados en la sombra de un muro agrietado y despostillado, media docena de soldados lo miraban fijamente. Sospechosos y a la defensiva, vestían uniformes que no les quedaban bien y abrazaban sus rifles automáticos. Sin embargo, cuando el tren empezó a moverse con un estremecimiento pesado, uno de ellos lo saludó y luego bajó la cabeza para escupir entre sus botas militares.

Desde la elevación del mirador, el turista captó imágenes fugaces de habitaciones con muebles blancos, de jardines que también parecían habitaciones con techos de flores rojas. Su esposa leía y otro pueblo había quedado atrás; inevitablemente trató de imaginarse las ruinas que los esperaban, los templos derrumbados y los antiguos juegos de pelota donde habían sucedido partidos mortales, los frisos que había visto en fotos: guerreros que pisaban la cabeza de hombres que gritaban, todos los rostros eran idénticos.

Al regresar para buscar otra cerveza se detuvo junto a la puerta abierta y vio un guante sobre la cama revuelta. Cuando lo alzó sintió un curioso aroma a durazno.

Con los tragos y el idioma, el turista no pudo entender muchas cosas. Es cierto, el jardín se había llenado de luciérnagas, del monótono croar de las ranas, agudo y eléctrico, que era a la vez tranquilizador y preocupante, y al ver un animal de cola larga, algo mayor que una rata, que desaparecía entre las sombras, tuvo la seguridad de que si hubiera alzado la cabeza para mirarlo, sus ojos habrían mostrado un brillo irreal.

El capitán había llegado con su silla. La instaló entre su tío y la estadunidense y se lanzó a una diatriba abrasiva donde figuraban las palabras *guerrilleros* y *hippies*. El uniforme se llenó con su gordura cuando se volvió hacia la mujer, cuyas manos relucían ligeramente como si hubieran sido masajeadas con aceite. Repitió la misma palabra. Esta vez se dirigió directamente al canadiense, que imprudentemente mantenía su sonrisa insolente.

—¡*Hippies!* —Escupió la H sorda como si fuera una J (una pequeña explosión de escarnio), le sonrió a la mujer, y con un ademán que dejó al descubierto su diente de oro, apuró su vaso.

En otra época, pensó el turista, y en la novela adecuada, el personaje hubiera resultado atractivo: un pirata, un corsario. Poseía esa especie de desenvoltura brutal, una especie de ingravidez. Igual que uno de esos osos polares en la televisión que cazan focas bajo el hielo con facilidad, el capitán sabía que podía hacer cualquier cosa que quisiera. Tramaba algo, el turista estaba seguro de ello. Sin dejar de observar a la joven familia en la mesa contigua, que finalmente despertaba, *El capitán* estaba jugando.

El ranchero, silenciado por la llegada de su sobrino, había abandonado su papel de anfitrión, y con la cara oculta por el ala del sombrero, parecía dormir. Tenso en su silla, el turista fumaba y bebía, mientras que el canadiense, acaso porque confundía el miedo con la adrenalina, trataba al policía como si fuera un compañero de fiestas muy burro o un borracho en el metro. ¿Sería porque hablaba español, por eso no veía el peligro en el que estaban?

La democracia, por el amor de Dios. Las aspiraciones humanas. La pobreza. Aunque no quería oír nada, el turista juntó su cabeza con la de la mujer, que ansiosa traducía en susurros la discusión: libertad, disciplina, *hippies*, guerrillas... siempre *los guerrilleros*. El turista la miraba fijamente, concentrado en el movimiento de su boca, de sus pequeños dientes como de animal, y qué con la cabeza de Pancho Villa, pensó. De eso se trata. *La cabeza de Pancho Villa*. ¿Qué importancia tiene? Ojalá ella volviera a agarrarle la mano o la pierna, que esos dedos romos le exploraran los muslos...

Tras pagar la cuenta el joven papá se puso de pie. La hija mayor, una niña preciosa cuyo cabello estaba lleno de listones azules, no podía quitarles los ojos de encima. Y entonces, mordiendo el filtro del cigarrillo, como en una jodida película de Clint Eastwood, el canadiense dijo:

—¿Y qué si fuéramos guerrilleros? —Sin llevarse los dedos a los labios el capitán emitió un agudo silbido y luego otro, al tiempo que hombres uniformados salían tropezándose de la camioneta con sus pistolas automáticas y rodeaban al indígena, que había empezado a correr, pero al ver que era inútil...

Cuado el canadiense se levantó de un salto, la pistola del capitán se estrelló de costado en la mesa, su negro cañón amenazador.

—¡Siéntate! —Una de las niñas gritaba, en una sola nota aguda, interminable, como si no necesitara respirar. Los soldados forcejeaban con su papá, estorbándose unos a otros, derribando sillas, aunque no opusiera resistencia. Miraba a su mujer, a sus hijas, con la boca abierta. Lo empujaron dentro de la camioneta.

La madre sostenía a su bebé con un brazo y con el otro abrigaba a las histéricas niñas, pero nadie más se movía. Aún de pie, el canadiense se veía tan pálido como un jazmín; junto a la camioneta, los soldados, enfundados en sus uniformes arrugados, respiraban pesadamente como orcas. La niña más grande seguía gritando.

A una señal del capitán, tres hombres subieron prestos a la camioneta; los demás se metieron entre las sombras del jardín, y la máquina del vehículo resucitó con una sacudida. Los faros pardos se encendieron y el vehículo salió. La mujer indígena reunió a sus hijos. La mayor ya sólo sollozaba. Su hermana, como de siete u ocho años, cargaba al bebé, cuya cabeza colgaba sobre su hombro como la de un muñeco.

El capitán habló en inglés:

—*Sit down!* —repitió. El canadiense lo hizo lenta y obedientemente, como si la silla pudiera hacerse añicos bajo su peso. Reviviendo súbitamente, el ranchero pidió otra tanda de tragos y café para todos. El turista vio la luz intermitente de los faros de la camioneta que descendía serpenteando la colina. La pequeña familia había desaparecido. El mesero levantaba sillas y ordenaba todo y el turista sintió que la sangre le volvía a la cara. Pronto todo sería como si nada hubiera sucedido.

—Pregúntale qué le va a hacer al indio —sentía la garganta seca y se sirvió agua mineral.

—Soltarlo —el capitán se rió porque la mujer había permanecido en silencio—. *Is, how you say? Is* precaución, solamente una precaución —y tras un silencio empezó a hablar rápidamente, sin énfasis alguno y en la voz más baja posible. El turista quería saber lo que decía y movía su cabeza junto al hombro de la mujer. Acercó su rostro al de ella y le agarró el codo.

—¿Qué está diciendo?

—Dice... —no quería hablar. Le tuvo que apretar más el brazo—. Viene aquí... —el aliento de la mujer era agrio, olía a tabaco. No lo miraba—. Su canadiense viene aquí, sus uñas están sucias, pero no por trabajar. Tiene manos suaves como de mujer.

El capitán sonrió mientras el muchacho escondía las manos: luego alzó las suyas, dejando el arma decorada sobre la mesa, entre ambos.

—Grita —traducía la mujer con dificultad—, está enojado. Visita las ruinas, se coge a las mujeres o los muchachos. Les toma fotos. Sale muy barato, dice, porque traemos dólares.

—*Los dólares* —reiteró el policía, frotando el pulgar con los demás dedos rápidamente—. *The dollars,* ¿verdad? —El turista quiso decir que no era su culpa, por Dios. ¿Qué iba a hacer con una puta cabeza? A pesar de su claustrofobia, es cierto, había bajado con su esposa al corazón del Templo de las Inscripciones. Allí los esqueletos de seis jóvenes alguna vez protegieron otro cadáver, cuyos huesos estaban ricamente adornados con jade. Claro que la tumba ahora estaba vacía, era una ruina. Hasta donde él sabía, ni siquiera quedaban fantasmas.

—Es... —la mujer intentaba zafarse el brazo— es un *boy scout*, pero tú, dice que tú eres diferente, que tal vez sí eres peligroso —la cara redonda y morena del capitán, cuyos ojos ahora se veían lánguidos, contemplaban al turista con claro interés. ¿Por qué decía que él era peligroso? ¿Qué lo hacía diferente? Pero el capitán sólo se encogió de hombros. El turista sabía que todo era absurdo, que el juego de alguna manera no había terminado, pero el turista podía sentir cómo las sombras jugaban con su cara; era como si su expresión ya no pudiera contener los huesos de su cara.

Mientras tropezaba con los muebles desconocidos al desvestirse en la oscuridad del cuarto, el turista descubrió que sonreía casi con felicidad. A pesar de los sucesos de esa noche, del pobre indio y su familia y del temor de que los hombres del capitán aún pudieran irrumpir y (¿y qué?), a pesar de la estúpida crueldad de todo, estaba emocionado.

Se metió a la cama, quería contárselo todo. Puso su mano en uno de sus senos, de manera que su antebrazo y su codo quedaron sobre el torso y puso su pierna sobre la de ella. Pero ella, dándose la vuelta, dijo, y la almohada casi ahogó sus palabras:

—A veces no soporto que te metas en la misma cama.

—Eso es todo entonces —dijo él automáticamente—. Es todo, ¿no es así? —Finalmente y a causa del silencio, volvió a rogarle—: Ése tiene que ser el final, ¿no?

—Duérmete —le dijo—. Estás borracho.

Traducción de Mariano Sánchez Ventura

AL OTRO LADO DEL PUENTE

GRAHAM GREENE

—Dicen que es millonario —afirmó Lucía.

Estaba sentado allí, en la placita mexicana, húmeda y calurosa, con un perro a los pies; tenía un inmenso y desolado aire de paciencia. El perro llamaba la atención inmediatamente: era casi un setter inglés, sólo que algo había salido mal con la cola y el pelaje. Sobre su cabeza languidecían las palmas, en torno al quiosco, a pesar de la sombra, todo era pesadez; desde las pequeñas casetas en donde cambiaban ventajosamente pesos por dólares, los radios hablaban fuerte en español. Por la forma en que leía el periódico, me di cuenta de que no entendía una sola palabra —como yo, captaba sólo las palabras que parecían inglés—.

—Lleva un mes aquí —dijo Lucía—; lo sacaron de Honduras o de Guatemala.

Era imposible guardar un secreto por más de un par de horas en este pueblo fronterizo. Lucía llevaba apenas veinticuatro horas en este lugar y ya sabía todo sobre Joseph Calloway. La única razón por la que yo no sabía de él —y llevaba aquí dos semanas— era que, igual que el Sr. Calloway, no entendía el idioma. No había una sola alma en este lugar que no supiera la historia, la historia completa del Fondo de Inversiones Halling y el proceso de extradición. Cualquiera de los cambistas ventajosos en los puestos de madera, gracias a la observación, podría contar mejor que yo la historia del Sr. Calloway, sólo que yo estuve, literalmente, en el final. Todos observaron el desarrollo del drama con enorme interés, conmiseración y respeto; pues, después de todo, era millonario.

Cada determinado tiempo, a lo largo del caluroso día, un muchacho llegaba y limpiaba los zapatos del Sr. Calloway: no conocía las palabras adecuadas para evitarlo y ellos simulaban no entender su inglés. El día que Lucía y yo lo observamos debieron limpiarle los zapatos al menos una docena de veces. Al mediodía atravesó la plaza y entró al bar Antonio, donde pidió una botella de cerveza; el setter iba pegado a sus talones como si dieran un paseo por la campiña inglesa (no olvidemos que el Sr. Calloway tenía una de las propiedades más grandes de todo Norfolk). Después de tomar la cerveza, caminó por entre las casetas de los cambistas hasta el río Bravo y miró hacia los Estados Unidos al otro lado del puente: la gente iba y venía en coches continuamente; luego regresó a la plaza y se quedó ahí hasta la hora de la comida. Se hospedaba en el mejor hotel, pero en estos pueblos fronterizos es imposible encontrar un buen hotel: nadie se queda más de una noche. Los buenos hoteles estaban al otro lado del puente: desde la placita se podían ver sus letreros luminosos a veinte pisos de altura, como faros que señalaban los Estados Unidos.

Quizá se pregunten que había estado haciendo en un lugar tan gris durante dos semanas. No había nada aquí que pudiera interesarle a alguien; sólo humedad, polvo y pobreza, una especie de réplica barata del pueblo al otro lado del río: ambos tenían plazas en el mismo lugar, ambos tenían el mismo número de cines. Uno era más limpio que el otro, eso era todo, y más caro, mucho más caro. Pasé un par de noches en el otro lado, mientras esperaba a alguien que —según la oficina de turismo— conducía de Detroit a Yucatán y ofrecía por una suma ínfima —creo que veinte dólares— un lugar en su coche. No sé si realmente existiría o si fue un invento del mestizo optimista de la agencia; el punto es que nunca apareció, así que preferí esperar, sin que me importara demasiado, en el lado barato del río. No me importaba; estaba viviendo. Un día me decidiría a ya no esperar al hombre de Detroit y volvería a casa o me iría al sur, pero por lo pronto era más sencillo no decidir nada. Lucía, por su parte, esperaba un coche en la dirección opuesta, pero ella no tenía que esperar tanto. Esperábamos juntos y veíamos al Sr. Calloway esperar (sabrá Dios qué).

No sé cómo tomar esta historia: para el Sr. Calloway era una tragedia, para los accionistas a los que arruinó con sus falsas transacciones, retribución poética, supongo, para Lucía y para mí era comedia pura —excepto cuando pateaba al perro—. No me importan mucho los perros, prefiero que la gente sea cruel con los animales antes que con los humanos, pero no podía evitar sentir desprecio por la forma en que pateaba a ese animal —como si aplicara un veneno a sangre fría, no con ira sino como si se vengara de alguna treta que el perro le había jugado hacía mucho tiempo—. Por lo regular eso sucedía cuando regresaba del puente: era su única muestra de algo parecido a una emoción; por lo demás parecía una criatura pe-

122

queña, tranquila, gentil, con cabello y bigote canos, lentes de armazón dorado y un diente de oro como una falla en el carácter.

Lucía mentía cuando dijo que lo habían expulsado de Honduras y Guatemala; se había ido voluntariamente cuando el proceso de extradición empezó a parecer factible y se dirigió hacia el norte. México aún no es un estado muy centralizado y es fácil persuadir a los gobernadores locales si no puedes persuadir a ministros o jueces. Así, ahora esperaba en la frontera la siguiente movida. Supongo que esa primera parte de la historia es dramática pero yo no la vi y no puedo inventar lo que no he visto: la larga espera en antesalas, los sobornos aceptados o rechazados, el creciente miedo a ser arrestado y luego la huida —con lentes de armazón dorado—, ocultando sus huellas como fuera posible, pero esto no era como los negocios y para la huida no era más que un principiante. Así había encallado aquí, frente a la mirada de Lucía y mía, sentado todo el día bajo el quiosco, sin nada que leer más que un periódico mexicano, sin nada que hacer más que observar hacia el otro lado, a los Estados Unidos, sin saber, supongo, que todos sabían todo sobre él, y una vez al día pateaba a su perro. Quizás el perro, ese setter malogrado, le recordaba demasiado a Norfolk, aunque quizá también por eso, supongo, lo conservaba.

El siguiente acto fue, también, comedia pura. No sabría cuánto le estaría costando este hombre, que tenía millones, a su país, ya que lo sacaron de su tierra y eso. Quizás alguien se estaba cansando del asunto, quizás alguien se había vuelto descuidado; como sea, enviaron a dos detectives con una fotografía vieja.

Desde que se tomó esa foto, se había dejado crecer el bigote canoso y había envejecido mucho, y ellos no lo identificaban. Apenas llevaban dos horas de este lado del puente y ya todo mundo sabía que había dos detectives extranjeros en el pueblo que buscaban al Sr. Calloway —todos sabían, quiero decir, excepto el Sr. Calloway, que no hablaba español—. Había muchos que podrían habérselo dicho en inglés pero no lo hicieron. No era por crueldad sino por una especie de fascinación y respeto: como un toro, él era el espectáculo, sentado lúgubre en la plaza, con su perro, un espectáculo magnífico para el que todos teníamos boletos de primera fila.

Me encontré a uno de los policías en el bar Antonio. Estaba de mal humor: se había imaginado que cuando atravesara el puente la vida iba a ser diferente, mucho más colorida y soleada y, me figuro, con más oportunidades para el amor, y todo lo que encontró fueron grandes calles enlodadas en las que la lluvia de la noche anterior se anegaba en charcos, perros sarnosos, malos olores y cucarachas en su cuarto, y lo más cercano al amor era la puerta abierta de la Academia Comercial en donde bonitas mestizas se sentaban toda la mañana aprendiendo mecanografía. Tip, tap, tip tap, tip, quizá también tenían un sueño: encontrar trabajo del otro lado del puente, donde la vida sería mucho más lujosa, refinada y divertida.

Empezamos a platicar; parecía sorprendido de que supiera quiénes eran y qué buscaban. Dijo:

—Sabemos que Calloway está en este pueblo.

—Anda en algún lugar —dije.

—¿Podría reconocerlo?

124

—Oh, nunca lo he visto —dije.

Dio un trago a su cerveza y pensó por unos momentos.

—Saldré a sentarme en la plaza; seguro que pasará en algún momento.

Terminé mi cerveza y salí rápido en busca de Lucía.

—Apúrate, vamos a ver un arresto.

El Sr. Calloway no nos importaba, sólo era un viejo que pateaba a su perro, estafaba a los pobres y se merecía lo que le pasara. Así que nos encaminamos hacia la plaza; sabíamos que Calloway estaría ahí pero nunca se nos ocurrió que los detectives no lo reconocerían. En el lugar había una verdadera oleada de gente, todos los vendedores de fruta y limpiabotas parecían haber llegado juntos; tuvimos que abrirnos camino entre la gente, y ahí, en el centro de la placita, verde y sofocante, estaban sentados en bancas contiguas los dos hombres vestidos de civil y el Sr. Calloway. Nunca había visto el lugar tan silencioso; todos andaban de puntitas y los hombres vestidos de civil observaban a la multitud en busca del Sr. Calloway y el Sr. Calloway estaba sentado en la banca de siempre, mirando hacia los Estados Unidos, más allá de las casetas de cambio.

—Esto no puede seguir así, es imposible —dijo Lucía.

Pero siguió así, incluso se volvió más absurdo; alguien debería escribir una obra de teatro al respecto. Nos sentamos lo más cerca que nos atrevimos y es que temíamos soltarnos a reír en cualquier momento. El malogrado setter se rascaba las pulgas y el Sr. Calloway miraba hacia los Estados Unidos. Los dos detectives observaban la multitud y la multitud veía el espectáculo con solemne satisfacción. Uno de los detectives se puso de pie y se acercó al Sr. Calloway. Ahora sí, pensé, es el fin de la comedia pero no, era más bien el inicio; por alguna razón lo habían eliminado de su lista de sospechosos, nunca sabré por qué. El hombre dijo:

—¿Habla usted inglés?

—Soy inglés —respondió el Sr. Calloway.

Ni siquiera esa respuesta lo delató; lo más extraño es que el Sr. Calloway pareció recobrar la vida. Supongo que nadie le había dirigido la palabra en semanas: los mexicanos eran tan respetuosos —era un hombre millonario— y ni a Lucía ni a mí se nos había ocurrido tratarlo casualmente, como a un ser humano; incluso ante nuestros ojos se había vuelto colosal por el gran robo colosal y por la persecución mundial.

—Éste es un lugar espantoso, ¿no cree? —preguntó el Sr. Calloway.

—Lo es —respondió el policía.

—No puedo ni imaginarme qué hace que la gente cruce el puente.

—El deber —dijo el policía apesadumbrado—. Supongo que usted sólo está de paso.

—Sí —dijo el Sr. Calloway.

—Esperaba que de este lado hubiera algo de vida, ya sabe, se leen tantas cosas sobre México.

—Ah, vida —dijo el Sr. Calloway; hablaba con resolución y exactitud, como si se dirigiera a un comité de accionistas—. Eso empieza justo al otro lado.

—Uno no aprecia su país sino hasta que lo deja.

—Tiene usted toda la razón —dijo el Sr. Calloway—, toda la razón.

Al principio era difícil no reírse, pero luego, después de un rato, no parecía haber mucho de qué reírse: un viejo que imaginaba todas las cosas buenas que pasaban del otro lado del puente internacional; yo creo que se imaginaba que el pueblo de enfrente era una mezcla de Londres y Norfolk: teatros y bares, un poco de caza y una caminata por el campo al atardecer, con el perro —esa pobre imitación de un setter— husmeando entre las zanjas. Nunca había cruzado, no había forma de que supiera que era lo mismo, incluso la misma disposición, sólo que las calles estaban pavimentadas y los hoteles tenían diez pisos más, la vida era un poco más cara y todo estaba un poquito más limpio. No había nada que el Sr. Calloway hubiera podido llamar vida: no había galerías ni librerías, sólo Film Fun y el periódico local; Click, Focus y los tabloides.

—Bueno —dijo el Sr. Calloway—, creo que voy a dar un paseo antes del almuerzo. Se necesita apetito para poder comer lo que hay aquí; normalmente voy y observo el puente a esta hora, ¿le gustaría acompañarme?

El detective negó con la cabeza; luego aclaró:

—No: estoy en servicio, busco a un tipo.

Eso, por supuesto, lo delató. Hasta donde el Sr. Calloway entendía, sólo había un *tipo* a quien el mundo buscaba: hacía mucho había eliminado de su mente a amigos en busca de amigos, esposos que quizás esperaban a sus esposas, cualquier objeto de búsqueda excepto uno; precisamente este poder de eliminación lo había hecho un hombre de negocios; era capaz de olvidar a las personas que estaban detrás de las acciones.

Ésa fue la última vez que lo vimos en un buen rato. No lo vimos entrar a la botica París para comprar sus aspirinas o regresar del puente con su perro. Sencillamente desapareció y cuando desapareció la gente empezó a hablar y los detectives oyeron. Habían quedado como tontos, así que ahora sí se ocuparon en buscar al hombre junto al que habían estado sentados en el jardín. Luego ellos desaparecieron también; ellos, al igual que el Sr. Calloway, fueron a la capital del estado a ver al gobernador y al jefe de policía; allá también debió ser un espectáculo muy divertido; se encontrarían con el Sr. Calloway y se sentarían junto a él en las salas de espera. Supongo que primero pasaba el Sr. Calloway, pues todos sabían que era millonario. Sólo en Europa es posible ser, a la vez, un criminal y un millonario.

En fin, aproximadamente una semana después todos regresaron en el mismo tren. El Sr. Calloway viajaba en primera clase y los dos policías en tercera. Era obvio que no habían obtenido la orden de extradición.

Para entonces Lucía ya se había ido. El carro que esperaba llegó y atravesaron el puente. Yo me quedé en México y la vi pasar por la Aduana de los Estados Unidos. No era especialmente bonita pero se veía hermosa a la distancia mientras se despedía de mí desde los Estados Unidos y volvía a entrar a su coche, y de repente sentí compasión por el Sr. Calloway, como si hubiera algo de aquel lado que era imposible encontrar aquí, y al dar la vuelta lo vi de regreso en su antigua rutina, con el perro a los pies.

—Buenas tardes —dije, como si hubiera sido un hábito saludarnos.

Se veía cansado, débil y sucio y sentí lástima por él: pensé en el tipo de victoria que había ganado, con tal gasto de dinero y tantos cuidados para que el premio fuera este pueblo sucio y aburrido, las casetas de cambio, los horribles saloncitos de belleza con sus sillas y sofás de mimbre como la recepción de algún burdel, y ese caluroso y sofocante jardín junto al quiosco.

—Buenos días —contestó apesadumbrado. El perro empezó a olisquear algo de excremento y él se volteó y lo pateó con ira, con tristeza, con desesperación.

Justo en ese momento un taxi con dos policías nos pasó camino al puente. Quizá vieron la patada; quizás eran más inteligentes de lo que yo creía, quizá se preocupaban por los animales y pensaron que harían una buena acción y el resto ocurrió por accidente; el caso es que esos dos pilares de la ley se dieron a la tarea de robar el perro del Sr. Calloway.

Él los vio pasar; luego preguntó:

—¿Por qué no atraviesas?

—Aquí es más barato —aclaré.

—Qué tal por sólo una noche; cena en ese lugar que se alcanza a ver en el cielo durante la noche, ve al cine.

—No, jamás lo haría.

—Bueno, como sea, vete de aquí —dijo molesto, chupando su diente de oro. Su mirada estaba fija en el otro lado, colina abajo; no podía ver que la colina por la que subía el puente tenía las mismas casetas de cambio que ésta.

—¿Y por qué no se va usted? —pregunté.

—Mmmm, negocios —contestó de forma evasiva.

—Sólo es cuestión de dinero, no tiene que cruzar por el puente.

—No hablo español —dijo con un leve interés.

—Aquí todo el mundo habla inglés —aclaré.

—¿En serio? —me miró sorprendido—, ¿en serio?

Tal como yo había supuesto: nunca había intentado hablar con nadie y los lugareños lo respetaban mucho —era millonario— como para sacarle conversación. No sé si estoy orgulloso o arrepentido de haberle dicho eso. Si no se lo hubiera dicho, seguiría ahí, sentado junto al quiosco, con alguien limpiándole los zapatos: vivo y sufriendo.

Tres días después desapareció el perro. Me encontré al Sr. Calloway buscando entre las palmas del jardín, lo llamaba suavemente, avergonzado; era obvio que le incomodaba. Con una voz queda y enojada dijo:

—Odio a ese perro, asqueroso callejero —luego llamó—: Rover, Rover —con una voz que no llegaría a más de dos metros, y dijo—, por un tiempo fui criador de setters. Hubiera matado a un perro como éste.

Era cierto: le recordaba a Norfolk, él vivía de sus recuerdos y odiaba al perro por sus imperfecciones. Era un hombre sin familia y sin amigos; su único enemigo era ese perro. No se puede llamar enemiga a la ley: con un enemigo se tiene una relación muy cercana.

Esa misma tarde alguien le dijo que había visto al perro cruzar el puente. No era cierto, claro está, pero entonces no lo sabíamos (le habían pagado cinco pesos a un mexicano para que lo pasara de contrabando). Así que toda esa tarde y la siguiente el Sr. Calloway se sentó en el jardín mientras le limpiaban los zapatos una y otra vez, y pensaba cómo un perro podía atravesar así sin más, mientras que un ser humano, un alma inmortal, estaba atado a este lugar con la desagradable rutina de la caminata y las comidas horrendas y la aspirina de la botica. Ese perro ahora veía cosas que él no podía ver; odioso animal. Semejante pensamiento lo volvía loco, verdaderamente loco. Hay que recordar que el hombre había estado en esta condición por meses: tenía millones y vivía con dos libras a la semana, sin nada en que gastar su dinero; estaba sentado ahí, rumiando sobre la espantosa injusticia de todo. Yo creo que tarde o temprano habría cruzado, pero el perro fue la gota que derramó el vaso.

Cuando al día siguiente no se le veía por ningún lado, supuse que había cruzado y yo también lo hice. El pueblo estadunidense eran tan pequeño como el mexicano. Yo tenía curiosidad y sabía que, de estar él ahí, lo encontraría. Sentía curiosidad y un poco de pena por él, pero no mucha.

La primera vez lo vi en la única farmacia del pueblo, tomando una Coca-Cola; luego afuera de un cine viendo los carteles; se había vestido con mucho esmero, como si fuera a ir a una fiesta, pero no había ninguna fiesta. En una tercera ocasión me encontré a los detectives; tomaban Coca-Colas en la farmacia, seguro que apenas por unos segundos se habrían topado con el Sr. Calloway. Entré y me senté junto a la barra.

—Hola —dije—, ¿aún están por aquí?

De repente me sentí angustiado por el Sr. Calloway, no quería que se encontraran.

—¿Dónde está Calloway? —preguntó uno de ellos.

—Oh, anda por ahí.

—Él sí, pero su perro no —dijo y se rió.

El otro parecía consternado, no le gustaba que se hablara con cinismo de los perros. Después se levantaron; un coche los esperaba afuera.

—¿No toman otra?

—No, gracias; tenemos que irnos.

El hombre se inclinó hacia mí y confesó:

—Calloway está de este lado.

—¡No! —dije.

—Igual que su perro.

—Lo está buscando —aclaró el otro.

—Que me parta un rayo si lo está buscando —dije y nuevamente uno de ellos pareció consternado, como si hubiera insultado al perro.

No creo que el Sr. Calloway haya buscado a su perro, pero su perro ciertamente lo encontró. Un ladrido repentino se oyó en el coche, el malogrado setter saltó del coche y corrió frenético por la calle. Uno de los detectives, el sentimental, había entrado al coche antes de que el otro y yo llegáramos a la puerta y se lanzó tras el perro. El Sr. Calloway se hallaba al final de la calle que llevaba hacia el puente —estoy seguro de que había tomado la costumbre de ver el lado mexicano cuando se dio cuenta de que del lado estadunidense no había nada aparte de la farmacia y los cines y las papelerías—. Vio al perro acercársele y le gritó que fuera a casa, "casa, casa, casa", como si estuvieran en Norfolk. El perro no hacía caso, corría a toda velocidad hacia él; luego vio que la patrulla iba hacia él y corrió. Después todo pasó demasiado rápido, pero creo que el orden de los sucesos fue el siguiente: el perro cruzó la calle justo frente al coche y el Sr. Calloway le gritó, al perro o al coche, no estoy seguro. El caso es que el detective viró bruscamente; más tarde declaró durante el interrogatorio con voz apagada que no podía atropellar a un perro, y el Sr. Calloway cayó, entre vidrios rotos, armazones dorados, cabello cano y sangre. El perro llegó a él antes de que cualquiera de nosotros pudiera acercarse, lo lamía, lloriqueaba y lo lamía. Vi al Sr. Calloway alzar su mano, que cayó inmediatamente sobre el cuello del perro y el llanto del animal se elevó hasta un estúpido ladrido de triunfo, pero el Sr. Calloway había muerto: el choque y un corazón débil.

—Pobre vejestorio —dijo el detective—, realmente quería a ese perro.

Es cierto que la actitud en que yacía parecía más la de una caricia que la de un golpe. En mi opinión iba a ser un golpe pero quizás el detective tenía la razón. Me parecía demasiado conmovedor para ser cierto, el anciano tirado ahí con el brazo en el cuello del perro, muerto, con su millón, entre las casetas de cambio, pero igual más vale ser humilde frente a la naturaleza humana. Había atravesado el río en busca de algo y, después de todo, podría haber sido el perro lo que buscaba. El perro estaba sentado allí, aullando su estúpido triunfo callejero sobre aquel cuerpo, como una sensiblera pieza decorativa: lo más cerca que podía estar de los campos, las zanjas, el horizonte de su hogar. Era cómico y lastimoso; pero no era menos cómico porque el hombre estuviera muerto. La muerte no convierte la comedia en tragedia y si ese último gesto fue de cariño, supongo que es sólo un indicio más de la capacidad del hombre para engañarse, un indicio de nuestro optimismo infundado, mucho más atroz que nuestra desesperación.

Traducción de Víctor Altamirano

EL MENSAJERO DE MÉXICO

Jabbar Yassin Hussin

El encuentro había tenido lugar en la colonia Conde-
sa, al oeste de la ciudad, al caer la noche. Yo estaba
hospedado en una residencia particular, como invitado de una institución de caridad. El vestíbulo tenía el
piso de mosaicos negros y blancos, y una escalera de
mármol que me hacía recordar una casa donde había
vivido hacía muchos años. Mi habitación estaba en el
primer piso y daba al parque. Algunos días antes del
encuentro, al regresar, me crucé con el hombre; lo
tomé por un mendigo. Se hallaba sentado en una banca, la mano derecha extendida hacia la gente que pasaba. Ya en mi cuarto recordé su rostro. Algunas semanas antes yo había ido a Tequila. Di un paseo por
la ciudad con un chofer local. Vagué con él, como es
mi costumbre, por las calles pobladas de árboles, bajo
el sol plateado del mes de diciembre. Me propuso visitar una cantina histórica y yo acepté con gusto. Siempre me ha divertido visitar lugares antiguos, aunque
en realidad no me interesaran. Cuando entramos al
patio vi una inmensa mariposa amarilla posada en un
tallo de papiro que brotaba de la fuente. Una hora
más tarde, cuando salimos de la cantina, la mariposa
todavía estaba allí, pero al momento de atravesar el
umbral alzó el vuelo y vino a posarse en mi cabeza.

Mi chofer rió como un niño, lo que me obligó a hacer lo mismo. Comimos en una fonda con manteles de plástico con cuadros rojos y blancos. Una chica y un muchacho nos colmaron de atenciones. A las cuatro le pedí a mi chofer que nos llevara de regreso a Guadalajara. Atravesamos la ciudad por la avenida principal pero de repente viró y nos condujo por callejuelas durante un largo rato, antes de confesar que se había perdido y que no conocía el camino para salir de la ciudad. Nos metió en una calle paralela a la autopista, pero no encontramos la salida. Le pedí que preguntara a la gente. Me dijo que ya no había nadie. Miré a la derecha y a la izquierda y me di cuenta de que el chofer tenía razón. Las calles estaban totalmente desiertas. Entonces entró en el patio de un rancho abandonado. Bajó del auto y llamó, como si conociera el sitio. De entre las ruinas surgió un hombre a caballo. Tenía rasgos indígenas y llevaba un fusil de caza en la espalda. Nos indicó un camino de tierra que atravesaba el rancho, que tras una curva, entre pendientes cubiertas de agaves, se unía a la autopista. Apenas estaba anocheciendo.

Aquella noche, en mi habitación, antes de dormirme hice bajar del caballo al hombre que había visto al salir de Tequila. Era el mismo indio que estaba a la entrada de mi residencia esa noche. El día siguiente era domingo y cuando desperté sentí la tranquilidad del barrio: nada de autos, ni de vendedores ambulantes. Oí por vez primera el ruido del agua de la fuente. Salí del cuarto y bajé a desayunar en un café frente al parque. No había clientes a esa hora. El indio entró en el café y se dirigió hacia mí, con un tubo de cartón en una mano. Clavó su mirada en la mía y me pidió que lo siguiera. Luego salió como había entrado.

Tan pronto salí del café lo vi a un lado del parque, junto a un enorme busto de bronce de Einstein. Me dirigí hacia él, sin saber lo que quería de mí. A decir verdad, pensaba que quería dinero, que el hombre esperaba una recompensa por el favor que nos había hecho dos semanas antes, cuando nos sacó del laberinto de ruinas. Mientras me acercaba, tuve la impresión de haber vivido ya todo en un sueño muy lejano. En el sueño, mi vida entera transcurría en este mismo lugar, narrada por este indio, que también venía de muy lejos.

—El tiempo ha pasado por varios ciclos ya —me dijo con una voz muy aguda.

—¿Usted es el hombre que vi en las ruinas de Tequila? —sonrió sin abrir los labios.

—Tequila aún no está en ruinas, pero el sitio donde usted me vio, hace mucho tiempo que está en ruinas.

Me tomó de la mano y me condujo hacia un camino sombreado por árboles enormes. Una música sonaba desde el otro costado del parque, como una melodía de violín, con el acompañamiento de una extraña trompeta y de silbatos. Sin mirarme, empezó a recitar lentamente:

—¡En la ribera dorada del universo,

"siento el gusto amargo de la destrucción!

"¡La que aniquiló a Quetzalcóatl!

"¡Allá donde el espíritu ruge anunciando el fin del mundo!"

Se detuvo y me lanzó una mirada, como si esperara mi reacción. No estaba listo para responder porque no entendía lo que pasaba, aunque me hubiera dejado guiar por ese extranjero que tal vez venía de mis sueños o de mis pesadillas. Entonces pensé en la salida de Tequila, en ese rancho en ruinas que era la imagen de un mundo exterminado, un lugar propicio para las aves nocturnas y los reptiles, para aquellos que no tienen un hogar en la Tierra desde donde contemplar el cielo y los astros que determinan nuestro destino.

—Estamos siempre en la ribera dorada del universo. Toda quedará en ruinas. Usted me vio en el rancho de Tequila, sí, pero yo he pasado toda mi vida entre las ruinas. Salgo de unas para entrar en otras. El tiempo es el causante de nuestra ruina. Los dioses lo inventaron para vengarse de nosotros y de nuestro orgullo.

Hablaba con serenidad, sin cambiar la cadencia de su voz, sin dejar de mirarme fijamente. Conocía el camino, pues ni siquiera miraba hacia adelante mientras avanzaba.

—Yo sé todo eso, y es por eso que he venido aquí, para contemplar un mundo que un día fue perfecto.

—¿Perfecto? Esperábamos el momento en que fueran ruinas. Para eso construíamos. Espero que hayas visto Teotihuacan.

—Sí, fui hace una semana y subí los escalones a pesar de mi edad. Todo lo que vi estaba en ruinas, incluso lo que se había construido recientemente.

—Sí, todo está ya condenado a la ruina y en cada piedra hay una semilla de destrucción que germinará con el tiempo.

—Puede ser… Arriba vi una paloma que construía su nido, cerca de lo que fue un día el altar de los sa-

137

crificios; extrañamente, no prestaba atención a los hombres.

Esbozó una sonrisa y añadió:

—Es siempre la misma paloma que está allí, es un mensajero y los hombres le son invisibles. Nos observa y eso es todo.

Habíamos llegado al centro del parque, cerca de una fuente donde corría el agua. Una familia almorzaba en el borde de la fuente y un niño jugaba con un labrador negro. La música se hacía cada vez más fuerte. Era casi mediodía.

—Lo voy a dejar ahora, pero hoy, cuando anochezca, quédese en su casa. Le voy a llevar lo que usted olvidó al salir del museo —entonces se fue y desapareció entre los árboles.

Cuando regresé a mi habitación en la residencia particular, pensaba en el museo, en todos los objetos encerrados en las vitrinas, sin poder recordar lo que había olvidado ahí. No había comprado en la tienda del museo ninguna reproducción de una estatuilla o un pergamino y no llevaba conmigo el calendario solar de piedra negra que Valeria me había regalado. Durante la tarde dormité en la cama y el indio apareció varias veces en mis sueños: una vez en el parque, otra en un balcón en una calle de Bagdad gritando: "¡Todo es lo mismo! ¡Miren!" Vi la inmensa plaza circular donde se amontonaban escombros y restos oxidados de vehículos. Desperté y la noche ya había caído. Me pareció oír un largo silbido que venía del pie de los escalones. Salí de mi habitación para ver qué era y el silbido se alejó poco a poco.

El indio llegó a las ocho en punto. Yo ya lo esperaba

frente a la casa. Él traía consigo un rollo de pergamino, de las dimensiones de un gran libro. Me saludó y me dio la mano otra vez, apretándola fuertemente. Subimos la escalera a mi habitación. Sentí que conocía el lugar y que había sido él quien emitió el silbido que me había despertado. No dije nada. Ya en mi habitación, se sentó en un sillón de cuero y me indicó con una seña que me sentara en la cama. Desplegó el pergamino y vi miles de signos, como jeroglíficos, rojos y verdes. Entonces recordé el pergamino que me había intrigado en el museo. Se encontraba dentro de una vitrina, junto a una minúscula estatuilla de minuciosa elaboración. Se trataba de las mismas inscripciones, los mismos colores, el mismo tamaño. El pergamino desplegado entre sus manos tenía menos de un metro de longitud y las inscripciones sólo aparecían en un lado.

—Fueron noches atroces. Ruido por todas partes, festejábamos nuestro fin. Tú también conociste eso y te puedes imaginar el escándalo. El tambor sonaba sin cesar, los hombres danzaban en círculo antes de lanzarse a la hoguera. Las mujeres se desgarraban el vientre con cuchillos de obsidiana. Los silbatos sonaban sin pausa y todos nos pensábamos ya en las ruinas donde en adelante habríamos de sobrevivir.

Se detuvo, inclinó la cabeza sobre el pergamino, como si quisiera descifrar en él todo lo que aún no estaba escrito. Lo observaba y de nuevo tuve la sensación de que todo aquello ya había sucedido. Comenzó a hablar de un sueño que yo había tenido mucho antes de llegar a la ciudad. Alzó los ojos y su mirada estaba humedecida por las lágrimas.

—Ahora tengo que deshacerme de este pergamino.

Es tuyo. Mi misión está a punto de concluir. No soy más que un mensajero desde hace cinco siglos. Cuando termines su lectura, yo estaré en mi refugio entre las ruinas y quizá moriré allí después de todos estos años.

Y entonces se puso a leer el pergamino en otra lengua.

—El día once del mes Atancatún llegaron los extranjeros de barba blanca, los hijos del sol, los hijos de piel clara. ¡Cómo lamentamos su llegada! El bastón del hombre blanco caerá sobre nuestro espinazo, caerá desde el cielo, caerá desde todos lados. Las palabras de Onaku, nuestro dios único, serán tristes. Cuando las palabras de los cielos se extiendan sobre la Tierra, las ejecuciones empezarán, el rayo emergerá de los brazos del hombre blanco. Entonces la fiebre de batallas embargará a los hermanos y caerá el agua bendita y con ella la esclavitud. En ese momento desaparecerá el principio de las siete consagraciones y los pueblos gemirán bajo el látigo del capataz y la desgracia habitará en la tierra.

Dejó de hablar y se enjugó la frente. Una vez más me clavó su mirada y leí en sus ojos el dolor del condenado.

—Leerás lo demás una vez que me haya ido —dijo con tono categórico.

—Pero no puedo leer esa escritura.

—No te preocupes, las páginas se abrirán para ti, podrás comprender el lenguaje de su pensamiento. Este testamento está escrito en todas las lenguas del pensamiento, pero está destinado a aquellos que han vivido...

No terminó la frase, enrolló el pergamino y me lo tendió. Lo tomé, pero cuando quise desplegarlo, el indio detuvo mi mano.

—Todavía no, el momento de mi partida no ha llegado todavía.

Puse el pergamino en el escritorio y el hombre se dirigió hacia la puerta.

—Consérvalo contigo después de leerlo, incluso cuando viajes —abrió la puerta y salio rápidamente.

Oí sus pasos en la escalera de mármol. Cuando cesaron, el silbido invadió de nuevo el entorno. Desde la ventana lo vi caminar hacia el parque, lentamente, antes de desaparecer en la oscuridad.

Más noche abrí el pergamino y me puse a leer una página que jamás terminaba. Durante largos años leí el pergamino de la desgracia y aún no lo he concluido.

Traducción de Mariano Sánchez Ventura

LA MUJER QUE SALIÓ A CABALLO

D. H. Lawrence

I

Había pensado que su matrimonio, de entre todos los matrimonios, sería una aventura. No porque el hombre fuera fascinante: tipo enjuto, nervudo, torcido, veinte años mayor que ella, de ojos castaños y cabello entrecano, especie de jirón de vagabundo, que había llegado a los Estados Unidos desde Holanda siendo un niño minúsculo y desde las minas de oro del oeste había sido echado a patadas hasta México y ahora era un hombre más o menos rico que tenía minas de plata en las profundidades de la Sierra Madre; resultaba obvio que la aventura dependía de sus circunstancias más que de su persona. Pero aun así, era un pequeño dinamo de energía, a pesar de los accidentes a los que había sobrevivido y de que todo lo que había logrado lo había logrado solo: una de esas rarezas humanas que son difíciles de explicar.

Cuando ella realmente *vio* lo que él había logrado, su corazón tembló. Grandes montañas encadenadas, cubiertas de verde y, en medio del aislamiento inanimado, los picudos montículos rosados de lodo seco de la ganga de la plata. Bajo la desnudez de los conos, la amurallada casa de adobe de una planta con su jardín interno y su arcada, por cuyos costados trepaban madreselvas tropicales; si se alza la vista desde este florido patio enclaustrado, sólo se ve un enorme cono rosado de la mina y la maquinaria de la planta de extracción que se perfila contra el cielo. Nada más.

Claro, las grandes puertas de madera con frecuencia estaban abiertas. Entonces ella podía salir al vasto mundo y ver grandes montes vacíos, apilados uno tras otro, desde la nada hasta la nada. Reverdecían en otoño. El resto del año: rosados, resecos y abstractos.

Su marido la lleva de vez en cuando al pueblito colonial en su carcacha Ford, un lugar muerto y más que muerto, perdido y olvidado entre las montañas. La gran iglesia muerta, secada al sol, los portales muertos, el desahuciado mercado, en donde vio, la primera vez que fue, el cadáver de un perro entre los puestos de carne y la verdura, tirado ahí como para siempre, sin que nadie se molestara en quitarlo. Muerte dentro de la muerte.

Todos hablaban de la plata y mostraban fragmentos de mena, pero el comercio de la plata estaba estancado. La Gran Guerra empezó y terminó. La plata era un negocio muerto. Las minas de su marido habían cerrado. Pero ella y él seguían viviendo en la casa de adobe al pie de las obras, entre aquellas flores que para ella jamás habían sido realmente floridas.

Tenía dos hijos, un niño y una niña. Su primogénito, el niño, casi había cumplido diez años antes de que ella despertara del estupor de su sometido asombro. Ella ahora tenía treinta y tres años, buena estatura y ojos azules, una mujer aturdida que empezaba a embarnecer. Su marido, de cincuenta y tres años: pequeño, nervudo, fibroso, retorcido, de ojos castaños; un hombre correoso y tenaz como el alambre, todavía lleno de energía, aunque disminuido por la caída de la plata en el mercado y por el peculiar distanciamiento de su esposa.

Era un hombre de principios y un buen marido. En cierto sentido la idolatraba. Jamás había superado su atolondrada admiración por ella, pero en esencia seguía siendo soltero. Había sido lanzado al mundo, un pequeño soltero, a los diez años. Al casarse tenía más de cuarenta y el dinero suficiente como para hacerlo, pero su capital era el de un soltero. Dueño y señor de sus propias obras, el matrimonio no había sido más que el último y más íntimo pedazo de ellas.

Admiraba irremediablemente a su esposa, admiraba su cuerpo, todos sus rasgos. Para él siempre había sido la esplendorosa muchacha californiana de Berkeley. Como un jeque, la guardaba entre aquellas montañas de Chihuahua. La celaba tanto como a su mina de plata, y eso es decir mucho.

A los treinta y tres ella realmente seguía siendo una muchacha de Berkeley, en todo salvo en el físico. Al casarse su desarrollo mental había cesado misteriosamente, se había detenido por completo. Su marido jamás había sido algo real para ella, ni mental ni físicamente. A pesar de esa especie de pasión madura que sentía por él, físicamente nunca había significado nada para ella. Sólo moralmente la dominaba, la sojuzgaba, la mantenía en esa esclavitud irrevocable.

Así que los años pasaron, en esa casa de adobe hilvanada en torno al patio soleado, al pie del yacimiento de plata. Su esposo jamás se quedaba quieto; cuando la plata murió, se dedicó a un rancho camino abajo, a unos 35 kilómetros, donde criaba cerdos pura sangre, criaturas espléndidas. Sin embargo, odiaba a los cerdos. Era un vagabundo quisquilloso, idealista, que en realidad detestaba el aspecto físico de la vida. Amaba trabajar, trabajar y trabajar, y hacer cosas. Su matrimonio, sus hijos, eran algo que estaba haciendo, eran parte de su empresa, aunque esta vez con un ingreso afectivo.

Poco a poco ella empezó a enfermarse de los nervios: tenía que salir de ahí. Tenía que salir de ahí. Así que la llevó a El Paso tres meses. Por lo menos eran los Estados Unidos.

Pero el hechizo en que la tenía nunca cesó. Los tres meses llegaron a su fin: ella regresó igual, a la casa de adobe entre esos eternos montes verdes o rosáceos, pardos, vacíos como sólo lo que no se ha descubierto está vacío. Educaba a sus hijos, supervisaba a los muchachos mexicanos que eran sus sirvientes. A veces su marido traía invitados, españoles o mexicanos o, de vez en cuando, hombres blancos.

A él le encantaba recibir hombres blancos, pero no tenía un momento de reposo cuando estaban ahí. Era como si su esposa fuera una veta en sus minas, cuya existencia nadie debía conocer salvo él; a ella le fascinaban aquellos jóvenes caballeros, ingenieros de minas, que a veces eran sus huéspedes. A él también le fascinaban los caballeros de verdad, pero era un viejo minero con esposa y cuando uno de ellos la miraba, sentía como si estuvieran saqueando su mina, como si le arrancaran los secretos.

Fue uno de esos caballeros quien le metió la idea.

Todos estaban afuera de las puertas del patio, mirando el mundo exterior. Los eternos montes inmóviles estaban completamente verdes, era septiembre, después de las lluvias. No había señales de nada, aparte de la mina abandonada, los talleres abandonados y un grupo de habitaciones para mineros medio abandonadas.

—Me pregunto —dijo el joven— qué hay detrás de esos grandes cerros pelones.

—Más montañas —dijo Lederman—. En esa dirección, Sonora y la costa, en ésta, el desierto, por donde usted llegó, y del otro lado, cerros y montañas.

—Sí, ¿pero qué *vive* en los cerros y las montañas? *Seguro* hay algo maravilloso. No se parecen a *ningún* sitio en la Tierra: es como estar en la luna.

—Hay muchos animales, si quiere cazar, y muchos indios, si a *ellos* se les puede llamar maravillosos.

—¿Salvajes?

—Lo suficiente.

—¿Pero amistosos?

—Depende. Algunos son bastante salvajes y no permiten que nadie se les acerque. Matarían a un misionero si se apareciera, y donde no entra un misionero, no entra nadie.

—¿Pero qué opina de esto el gobierno?

—Los indios están tan lejos de todo que el gobierno los deja en paz, y son astutos; si piensan que van a tener problemas, mandan una delegación a Chihuahua y declaran su acatamiento formal. Con eso el gobierno queda satisfecho.

—¿Y llevan una vida salvaje, con sus propias costumbres y religión salvajes?

—Sí. Sólo usan arco y flecha. Los he visto en la ciu-

146

dad, en la plaza, usan sombreritos extraños con flores alrededor y un arco, desnudos excepto por una especie de camisa, incluso cuando hace frío... enseñando sus salvajes piernas.

—¿Pero no cree que sea maravilloso, allá en sus pueblos secretos?

—No. ¿Qué podría ser tan maravilloso? Los salvajes son salvajes y todos los salvajes se comportan más o menos igual: son arteros y sucios, sin higiene, con algunas mañas y esforzándose para tener qué comer.

—Pero sin duda tienen religiones y misterios viejísimos... *tiene* que ser maravilloso, sin duda tiene que serlo.

—Nada de misterios... Aullidos y prácticas paganas, más o menos indecentes. No, no veo nada de maravilloso en todo eso y me sorprende que usted sí, usted que ha vivido en Londres o en París o en Nueva York...

—Bah, *todos* viven en Londres o París o Nueva York —dijo el muchacho, como si tal cosa fuera un argumento.

Aquel singular entusiasmo vago por indios desconocidos tuvo un gran eco en el corazón de la mujer. La invadió una especie de romanticismo pueril, más irreal que el de una niña. Sintió que era su destino penetrar los territorios secretos de aquellos intemporales, misteriosos y maravillosos indios de las montañas.

Guardó su secreto. El hombre se iba, su esposo lo acompañaría hasta Torreón, en viaje de negocios; se ausentaría unos cuantos días; pero antes de que partiera, se las arregló para que le hablara de los indios: de las tribus nómadas, similares a los navajos, que aún vagaban libres, de los yaquis de Sonora y de los diversos grupos que habitan los diferentes valles del estado de Chihuahua.

Supuestamente había una tribu, los chilchuis, que vivía en un alto valle hacia el sur, la tribu sagrada de todos los indios. Los descendientes de Moctezuma y de los antiguos reyes aztecas o totonacas aún vivían entre ellos y los viejos sacerdotes aún profesaban la antigua religión y realizaban sacrificios humanos, eso decían. Algunos hombres de ciencia habían ido al territorio chilchui y regresaron demacrados y exhaustos, con hambre y amargas carencias; traían consigo diversos objetos bárbaros de culto, pero no habían descubierto nada extraordinario en la famélica y agreste aldea de los salvajes.

Aunque el tono de Lederman era indiferente, era obvio que compartía la emoción vulgar frente a la idea de salvajes antiguos y misteriosos.

—¿Se encuentran muy lejos? —preguntó ella.

—A unos tres días a caballo, después de Cochití y un pequeño lago que hay allá arriba.

Su esposo y el joven partieron. La mujer urdió sus disparatados planes. A últimas fechas, para romper con la monotonía de su vida, había atosigado a su marido hasta que la dejó montar a caballo, ocasionalmente, con él. Jamás se le permitía salir sola. El lugar era peligroso de verdad; fuera de la ley, inclemente.

Pero ella tenía su propio caballo y soñaba con ser tan libre como lo había sido de niña, entre las colinas de California.

Su hija, de nueve años, estaba internada en el minúsculo convento del pequeño pueblo minero medio abandonado, a ocho kilómetros de ahí.

—Manuel —le dijo la mujer a su sirviente—, voy a ir al convento para ver a Margarita y llevarle algunas cosas. Puede ser que pase la noche en el convento. Cuida a Freddy y encárgate de todo hasta que regrese.

—¿Quiere que la acompañe en el caballo del patrón o que vaya Juan?— preguntó el sirviente.

—Ninguno de los dos. Iré sola.

El muchacho la miró directamente a los ojos, protestando. ¡Absolutamente imposible que la mujer fuera sola a caballo!

—Iré sola —repitió la alta, plácida, rubia señora con un énfasis autoritario, y el muchacho accedió mudo y a disgusto.

—¿Por qué vas sola, mamá? —preguntó su hijo, mientras ella empacaba algunos refrigerios.

—¿Acaso *nunca* me van a dejar sola? ¿Ni un solo momento de mi vida? —exclamó la mujer, con una explosión de energía, y el niño, al igual que el sirviente, se retrajo en silencio.

Salió sin remordimiento alguno, montada en su fuerte roano, vistiendo su traje de montar de lino grueso, falda sobre los pantalones, pañuelo escarlata sobre la blusa blanca y sombrero de fieltro negro. Llevaba comida en las alforjas, una cantimplora llena de agua y una gran cobija nativa atada detrás de la silla. Con la vista clavada en la lejanía, salió de su hogar. Manuel y el niño la vieron partir desde el portal. Ella ni siquiera se volvió para despedirse.

Tras cabalgar cerca de dos kilómetros, dejó el camino para internarse en un pequeño sendero a su derecha que llevaba a otro valle a través de bruscas subidas y grandes árboles y pasaba por otro asentamiento minero abandonado. Era septiembre, el agua corría en el arroyito que había alimentado la mina ahora abandonada. Desmontó para tomar agua y dejó que su caballo también lo hiciera.

Entre los árboles vio a varios nativos que bajaban por la vertiente. La habían visto y la observaban con atención. Ella también los miraba. Los tres, dos mujeres y un muchacho, hicieron un amplio rodeo para no acercarse demasiado. No le importó; montó de nuevo y salió a trote hacia el fondo del silencioso valle, más allá de la mina, más allá de toda labor de excavación. Aún quedaba un tosco sendero que entre peñascos y piedras sueltas conducía al valle siguiente. Ya había pasado por ahí con su marido. Sabía que más adelante tenía que dirigirse al sur.

Extrañamente no sentía miedo, aunque el territorio era amenazante: las silenciosas y siniestras pendientes, los ocasionales nativos, sospechosos y distantes entre los árboles, las grandes aves de carroña que a veces aparecían en la lejanía como enormes moscas, sobrevolando algún cadáver, algún ranchito o algún caserío.

Conforme ascendía, los árboles se encogían y el sendero corría a través de matorrales espinosos en donde se enredaban campanillas azules y alguna trepadora ocasional de color rosa. Luego desaparecieron las flores. Se acercaba a los pinos.

Libró la cima y adelante se extendía verde otro silencioso valle desierto. Era después de medio día. El caballo se volvió hacia un riachuelo, así que ella se apeó para almorzar. Comió en silencio mientras miraba el inmóvil valle sin vida y los cerros agudos que ascendían hacia el sur convirtiéndose en roca y pinos. Descansó dos horas en el calor del día mientras el caballo pastaba alrededor.

Era extraño que no sintiera miedo ni soledad; de hecho, esa soledad era como hubiera podido ser un trago de agua fresca para alguien muy sediento, y desde su interior la sustentaba una curiosa exaltación.

Siguió su viaje y en la noche acampó junto a un arroyo, en la profundidad de los matorrales. Había visto ganado y cruzado varios senderos. Debía haber un rancho en las cercanías. Oyó el extraño grito de un puma y en respuesta ladridos de perros, pero sentada ahí, junto a su fogata, en un lugar secreto, no tuvo miedo; se sentía confortada por la curiosa exaltación efervescente en su interior.

Hizo mucho frío antes del amanecer. Yacía envuelta en su cobija, mirando las estrellas, oyendo tiritar al caballo y sintiéndose como una mujer que ha muerto y llegó al más allá. No estaba segura de no haber oído durante la noche un tremendo impacto en su centro, que era el impacto de su propia muerte —o quizás había sido un impacto en el centro de la tierra misma y significaba algo enorme y misterioso—.

Entumecida por el frío, se levantó con los primeros rayos de luz y encendió una fogata. Comió de prisa, le dio al caballo unos pedazos de galleta de linaza y salió de nuevo. Evitó cualquier encuentro, y puesto que no vio a nadie, era obvio que también la evitaban. Finalmente avistó el poblado de Cochití, con sus casas negras de techos rojizos: un sombrío y deprimente caserío al pie de otra mina silenciosa, abandonada desde hacía tiempo, y en el fondo, una extensa y vasta ladera que se alzaba verde y ligera hasta el verde más oscuro y enmarañado de los pinos; y tras los pinos, las paredes de roca desnuda contra el cielo, roca ya tajada y salpicada con blancas franjas de nieve. Arriba, la nieve ya había empezado a caer.

Ahora, mientras se acercaba más o menos a su destino, empezó a distraerse, a descorazonarse. Había dejado atrás el pequeño lago entre los álamos que se volvían amarillos, sus troncos blancos y suaves torneados como los blancos brazos de una mujer. ¡Qué lugar tan encantador! En California se hubiera entusiasmado por el paisaje, pero aquí sólo vio que era encantador, y no le importó. Estaba cansada y agotada después de las dos noches a la intemperie y temía la llegada de la noche. No sabía a dónde iba o a qué iba. Su caballo avanzaba pesado hacia esa inmensa y amenazadora ladera montañosa, siguiendo un senderito pedregoso; si aún le hubiera quedado un poco de voluntad, habría vuelto al poblado, para que la protegieran y la mandaran a su casa, con su esposo.

Pero no tenía voluntad propia. El caballo cruzó chapoteando un arroyo y siguió por un valle entre inmensos chopos que amarilleaban. Debía estar a unos tres mil metros sobre el nivel del mar y la altura y el cansancio la mareaban. Detrás de los chopos podía ver, de cada lado, las empinadas laderas que la iban encerrando, emplumadas con agudos álamos sobrepuestos, y más arriba los afilados abetos y pinos que retoñaban. El caballo avanzaba automáticamente. En este estrecho valle, en este sendero enjuto, sólo se podía avanzar, subiendo.

De repente su caballo saltó, y tres hombres envueltos en cobijas oscuras estaban frente a ella en el sendero.

—¡Adiós! —el saludo vino con la profunda y sobria voz de un indio.

—¡Adiós! —respondió ella, con su confiada voz de estadunidense.

—¿A dónde vas? —vino la pregunta silenciosa.

Los hombres enfundados en sarapes oscuros se habían acercado y la veían desde abajo.

—Más adelante —contestó segura, en su duro acento sajón.

Para ella sólo eran nativos: hombres morenos, fornidos, con sombrero de paja y sarapes oscuros. Hubieran sido iguales a los hombres que trabajaban para su marido, excepto, extrañamente, por el largo cabello negro que caía sobre sus hombros. Advirtió ese largo cabello negro con cierto disgusto. Aquéllos debían ser los indios salvajes que había venido a ver.

—¿De dónde vienes? —preguntó el mismo hombre. Siempre era éste el que hablaba. Era joven, con grandes ojos negros, ágiles y brillantes, que la miraban de reojo. Tenía un tenue bigote negro y una barba escasa, sólo algunos pelos dispersos en su mentón. Su larga cabellera era negra, llena de vitalidad, caía desenfrenada sobre sus hombros. Aunque moreno, parecía no haberse bañado recientemente.

Sus dos compañeros eran iguales, pero de mayor edad, poderosos y callados. Uno tenía una delgada línea negra sobre los labios, pero sin barba. El otro tenía las mejillas lisas y los pelos dispersos que marcaban el perfil de su mentón, con la barba característica de los indios.

—Vengo de muy lejos —respondió con una evasiva medio jocosa.

Recibieron esto en silencio.

—¿Pero dónde vives? —preguntó el joven, con la misma callada insistencia.

—En el norte —respondió ella airadamente.

De nuevo hubo un momento de silencio. El muchacho habló en voz baja, en su lengua, con sus dos compañeros.

—¿A dónde quieres ir por aquí arriba? —le preguntó de repente, retándola, autoritario, señalando con un breve gesto el sendero ascendente.

—A los indios chilchui —respondió la mujer lacónicamente.

El joven la miró. Sus ojos eran ágiles y negros, inhumanos. Vio, a la luz del atardecer, un leve gesto, casi una sonrisa de confianza, en el amplio rostro tranquilo, claro, las cansadas líneas azulosas bajo los grandes ojos azules y en sus ojos, mientras ella lo miraba desde arriba, cierta confianza, entre infantil y arrogante, en su poder femenino, pero también vio en sus ojos una extraña mirada de trance.

—¿Eres señora? —le preguntó el indio.

—Sí, soy una señora —respondió condescendiente.

—¿Con familia?

—Con esposo y dos hijos, niño y niña.

El indio se volvió hacia sus compañeros y tradujo, con esa voz baja y gorgoreante, como agua escondida que corre. Era evidente que ninguno entendía.

—¿Dónde está tu marido? —preguntó el muchacho.

—Quién sabe —dijo despreocupada—. Salió en viaje de negocios por una semana.

154

Los ojos negros la observaron, agrios. A pesar del agotamiento, ella sonreía levemente, con el orgullo de su osadía y la seguridad de su femineidad, con el hechizo de la locura que la dominaba.

—¿Y *tú* qué quieres hacer? —le preguntó el indio.

—Quiero visitar a los indios chilchui: ver sus casas y conocer a sus dioses.

El joven se volvió y tradujo rápidamente; hubo un silencio casi de preocupación. Los hombres mayores, solemnes, la veían de reojo, con miradas extrañas, por debajo de sus sombreros decorados; luego le dijeron algo al joven, con voz hueca y profunda.

Éste último aún dudaba. Entonces se dirigió a la mujer.

—¡Bueno! —dijo—. Vayamos, pero no llegaremos hasta mañana. Esta noche Tendremos que acampar.

—¡Bien! —dijo ella—. Puedo acampar.

Sin más, salieron a buen paso por el sendero pedregoso. El indio joven corría junto al cuello del caballo, los otros dos iban detrás. Uno de ellos había recogido un palo grueso, y de vez en cuando daba un golpe rotundo a la grupa del animal, para apresurarlo. Esto hacía saltar al caballo y la aventaba hacia atrás en la silla, cosa que la molestaba, pues estaba cansada.

—¡No hagas eso! —exclamó, volviéndose hacia el tipo, enojada. Vio esos ojos negros, grandes, brillantes y por primera vez su ánimo de verdad flaqueó. Los ojos del hombre no le parecieron humanos, y no la veían como una bella mujer blanca. La veía con una mirada negra, brillante, inhumana, y no veía mujer alguna. Era como si ella fuera una *cosa* extraña, inexplicable, incomprensible, pero hostil. La mujer estaba en su silla, llena de asombro; una vez más sintió que había muerto. De nuevo golpeó el caballo, haciendo que ella se sacudiera bruscamente en la silla.

Toda la ira apasionada de una mujer blanca consentida hirvió en ella. Tiró de las riendas de su caballo, frenándolo, y miró con ojos encendidos al muchacho que iba junto a la brida.

—Dile a ese tipo que no vuelva a tocar mi caballo —gritó.

Miró al joven a los ojos y, en su negrura inescrutable, vio una sutil chispa de escarnio como en la pupila de una serpiente. El muchacho se dirigió al compañero que iba tras la grupa con los suaves tonos de su idioma. El hombre del palo escuchó sin levantar la vista. Entonces, dio un extraño grito sordo al caballo, alzó el palo y lo volvió a golpear; el caballo saltó espasmódicamente hacia adelante por el sendero pedregoso, esparciendo las piedras y haciendo que la mujer se tambaleara en su silla.

La ira incendió sus ojos con locura, se puso totalmente blanca. Frenó el caballo con furia. Pero antes de que pudiera hacerlo girar, el indio joven agarró las riendas bajo la brida, las jaló hacia delante y siguió trotando rápidamente, mientras conducía al caballo.

La mujer estaba desvalida, y junto con la intensa ira la invadió un leve temblor de regocijo. Sabía que estaba muerta.

El sol se ponía, su gran luz amarilla inundó los últimos álamos, llameando en los troncos de los pinos, sus agujas se erizaron y sobresalieron con oscuro brillo, las peñas resplandecieron con un encanto sobrenatural, y entre esa refulgencia, el indio que tiraba de las riendas del caballo seguía trotando incesante, su manta oscura oscilaba, sus piernas desnudas brillaban enrojecidas, extrañas, transformadas por la poderosa luz, y su sombrero de paja con su casi absurdo ornato de flores y plumas relucía ostentoso sobre el río de largos cabellos negros. De vez en cuando le daba un grito sordo al caballo y entonces el otro indio, atrás, le atizaba al animal un buen golpe con el palo.

La prodigiosa luz se desvanecía en las montañas, el mundo empezó a volverse oscuro, una fría exhalación descendió del cielo. En el cielo, la media luna luchaba contra el fulgor del oeste; sombras gigantescas cayeron de las empinadas paredes de roca. El agua corría. La mujer sólo estaba consciente de su fatiga, esa fatiga indescriptible, y del viento helado de las alturas. No supo cómo la luz de la luna remplazó a la del sol. Sucedió mientras viajaba, inconciente por el cansancio.

Durante algunas horas viajaron a la luz de la luna. De repente se detuvieron. Los hombres conversaron en voz baja durante unos momentos.

—Acampamos aquí —dijo el joven.

Esperó a que la ayudara a desmontar. Él simplemente se quedó agarrando la brida del caballo. Casi cayó de la silla, tal era su fatiga.

Habían elegido un sitio al pie de unas peñas que aún conservaban un poco del calor del sol. Uno de ellos cortó ramas de pino, otro armó pequeños enramados contra las peñas para resguardarse, y dentro preparó lechos de agujas de pino. El tercero encendió una pequeña fogata para calentar las tortillas. Trabajaban en silencio.

La mujer bebió agua. No quería comer, sólo acostarse.

—¿En dónde duermo? —preguntó.

El muchacho señaló uno de los refugios. Ella se arrastró al interior y quedó inerte. Ya no le importaba lo que pudiera sucederle, estaba verdaderamente cansada; estaba más allá de todo. A través de las ramillas podía ver junto al fuego a los tres hombres en cuclillas, masticando las tortillas que sacaban de entre las cenizas con sus dedos morenos y bebiendo agua de un guaje. Hablaban con murmullos bajos y largos intervalos silenciosos. Su silla de montar y las alforjas yacían cerca de la hoguera, intactas. Los hombres no estaban interesados en ella o en sus pertenencias. Ahí, en cuclillas, con el sombrero puesto, comiendo: comiendo mecánicamente, como animales; los sarapes rozaban con su fleco el suelo adelante y atrás, las poderosas piernas morenas, desnudas y encogidas como las de un animal, dejaban ver la sucia camisa blanca y esa suerte de taparrabos que era su otra única prenda, y no mostraban más interés en ella que si hubiera sido un pedazo de carne de venado que traían de regreso después de la caza y que hubieran colgado en el refugio.

Después de un rato apagaron la hoguera cuidadosamente y se metieron en su propio enramado. Al mirar a través de las ramas experimentó un fugaz estremecimiento de miedo y ansiedad cuando vio las oscuras formas cruzar y pasar en silencio a la luz de la luna. ¿La atacarían ahora?

¡Pero no! Era como si fueran ajenos a ella. Habían maneado a su caballo; podía oírlo brincar cansado. Todo estaba en silencio, silencio de montaña, frío, mortal. Durmió y despertó y durmió en un entumecimiento semiconsciente de frío y fatiga. Una larga, larga noche, helada y eterna y ella sabía que estaba muerta.

II

Aun así, cuando oyó movimiento y el tintineo del pedernal y el acero, y vio la figura de un hombre encorvado como un perro sobre un hueso junto al rojo chisporrotear del fuego, y supo que el día despuntaba, le pareció que la noche había pasado demasiado rápido.

Cuando la hoguera se encendió salió de su refugio con un solo, último deseo: café. Los hombres calentaban más tortillas.

—¿Podemos hacer café? —preguntó.

El más joven la miró, y ella imaginó en sus ojos la misma suave chispa de escarnio. Meneó la cabeza.

—Nosotros no tomamos —dijo—. No hay tiempo.

Entonces los dos mayores, sentados en cuclillas, alzaron la vista y la miraron en el atroz amanecer que palidecía, y ni siquiera había escarnio en sus ojos. Sólo ese intenso, aunque remoto, brillo inhumano que a ella le resultaba espantoso. Eran impenetrables. No la podían ver como una mujer. Como si no *fuera* una mujer. Como si su blancura le impidiera ser mujer y la convirtiera en una gigantesca hormiga blanca. Eso era todo lo que veían en ella.

Antes de que el sol saliera del todo, ya estaba de nuevo a caballo y ascendían abruptamente en el aire helado. Salió el sol y pronto sintió mucho calor, expuesta al resplandor durante los trechos descubiertos.

Le pareció que subían al techo del mundo. Más allá, contra el cielo, había tajos de nieve.

En el transcurso de la mañana llegaron a un lugar donde el caballo ya no podía seguir. Descansaron un rato con una cuesta de roca viva enfrente de ellos, como el pecho reluciente de alguna bestia pétrea. Tenían que atravesar la piedra por una hendidura ondulante. Fue para ella como si el tormento hubiera durado horas; avanzaba sobre manos y rodillas, de una grieta a otra grieta, por la inclinada cara de esta montaña de pura roca. Un indio delante suyo y otro detrás caminaban lentamente, erguidos, calzados con huaraches, pero ella con sus botas de montar no se atrevía a enderezarse.

Sin embargo lo que se preguntaba todo el tiempo era por qué insistía en arrastrarse a lo largo de los kilómetros de piedra. ¡Por qué no se lanzaba al vacío y terminaba con todo! El mundo estaba debajo de ella.

Cuando por fin emergieron en una cresta rocosa, miró hacia atrás y vio al tercer indio que traía la silla de montar y las alforjas, todo colgado de una correa que cruzaba su frente; llevaba su sombrero en la mano mientras pisaba despacio en los resquicios de piedra, como rasguños en el escudo férreo de la montaña, con el paso lento, suave, pesado de los indios.

La pedregosa cuesta los conducía hacia abajo. Los indios parecían emocionarse. Uno se adelantó trotando y desapareció tras una curva de piedras. El sendero siguió serpenteando hacia abajo hasta que finalmente, en la luz plena del sol de la mañana, pudieron ver un valle debajo de ellos, entre paredes de roca, como en un gran precipicio labrado en las montañas. Una verde hondonada con un río y árboles y racimos de casitas chatas y resplandecientes. Mil metros más abajo todo era diminuto y perfecto. Hasta el puente sobre el riachuelo, la plaza rectangular con casitas alrededor y las construcciones más grandes apiladas en los extremos, los altos chopos, los pastizales y los amarillentos plantíos de maíz, los parches cafés de borregos o chivos en la lejanía, los corrales en la ribera. Ahí estaba todo, pequeño y perfecto; se veía mágico, como todo lugar se vería mágico si se lo ve desde lo alto de las montañas. Lo extraño era que las casitas brillaran blancas, recubiertas de cal, como cristales de sal o como plata. Eso la asustó.

Empezaron el largo y ondulante descenso desde la cabeza de la barranca, siguiendo la corriente que se apuraba y caía. Al principio todo eran piedras; luego empezaban los pinos y enseguida los álamos de brazos plateados. Por doquier había flores otoñales, unas grandes parecidas a las margaritas, unas blancas, y muchas flores amarillas, pero ella tenía que sentarse a descansar, estaba tan cansada, y veía las brillantes flores como sombras, pálidas sombras flotantes, las veía como las vería alguien que ha muerto.

Finalmente llegaron los pastizales entre álamos y pinos. Un pastor, desnudo bajo el sol salvo por su sombrero y el taparrabos de algodón, arreaba a sus pardos borregos. Se sentaron bajo una arboleda y esperaron: ella y el indio joven. El que cargaba la silla también se había adelantado.

Oyeron el rumor de alguien que venía. Eran tres hombres con espléndidos sarapes rojo y naranja y amarillo y negro, y tocados de brillantes plumas. El más viejo tenía el cabello cano trenzado con tiras de piel y su sarape rojo y naranja amarillento estaba salpicado con extrañas manchas negras, como la piel de un leopardo. Los otros dos no tenían el pelo canoso pero también eran hombres mayores. Sus sarapes tenían franjas y sus tocados no eran tan complicados.

El joven indio se dirigió a los ancianos con unas cuantas palabras en voz baja. Lo escucharon sin contestar y sin verlo a él o a ella, manteniendo el rostro desviado y la mirada hacia el piso; sólo escuchaban. Con el tiempo se volvieron y miraron a la mujer.

El anciano jefe o curandero o lo que fuera tenía un rostro de bronce oscuro marcado por las arrugas y unas cuantas canas rodeaban su boca. Dos largas trenzas de cabello grisáceo, trenzadas con piel y plumas de colores, le colgaban sobre los hombros. Sin embargo, sólo importaban sus ojos. Eran negros y poseían una extraordinaria y penetrante fuerza, sin el menor asomo de duda, con un poder demónico. Clavó su mirada en los ojos de la mujer blanca, una mirada prolongada, penetrante, que buscaba algo que ella desconocía. Ella reunió todas sus fuerzas para poder verlo y mantener su guardia. Pero no sirvió de nada. Él no la miraba como un ser humano mira a otro. Ni siquiera advirtió su resistencia o su reto, sino que miró más allá de ellos, hacia algo que ella desconocía.

Pudo ver que era inútil esperar una comunicación humana con este viejo ser.

Él se volvió y dijo unas cuantas palabras al indio joven.

—Pregunta qué buscas aquí —le dijo el muchacho en español.

—¿Yo? ¡Nada! Sólo vine a ver cómo era.

Esto fue traducido a su vez y el anciano la miró nuevamente. Entonces volvió a dirigirse, con un susurro sordo, al muchacho.

—Dice, ¿por qué deja su casa de los hombres blancos? ¿Quiere traer al dios de los blancos a los chilchui?

—No —dijo ella, temeraria—. Yo misma he dejado al Dios del hombre blanco. Vine a buscar al dios de los chilchui.

Cuando esto se tradujo, sobrevino un profundo silencio. Entonces el anciano habló nuevamente, con una voz reducida, casi fatigada.

—¿La mujer blanca busca a los dioses de los chilchui porque se ha cansado de su propio Dios? —Llegó la pregunta.

—Sí. Está cansada del dios del hombre blanco —respondió ella, pensando que era lo que querían oír—. Le gustaría servir a los dioses de los chilchui.

Percibió un estremecimiento extraordinario de triunfo y euforia que recorrió a los indios durante el silencio incómodo que siguió a la traducción. Entonces todos la miraron con sus penetrantes ojos negros, en donde una intención afilada y codiciosa brillaba, incomprensible. Esto la confundió aún más, pues no había nada sensual o sexual en esa mirada. Poseía una terrible pureza brillante que estaba fuera de su alcance. Tenía miedo y el miedo la hubiera paralizado si algo no hubiera muerto ya en su interior, dejándola solamente con una especie de asombro frío, expectante.

Los ancianos hablaron durante un instante; luego

los dos se fueron, la mujer se quedó con el joven y el anciano jefe que ahora la miraba con cierta ansiedad.

—Pregunta si estás cansada —dijo el muchacho.

—Muy cansada —contestó.

—Los hombres van a traerte un carruaje —dijo el joven.

El carruaje, cuando llegó, no era más que una camilla, una especie de hamaca de lana oscura con grecas, colgada de un poste que cargaban dos indios de larga cabellera en los hombros. Extendieron la hamaca en el suelo, ella se sentó y alzaron el poste hasta sus hombros. Como si estuviera en un saco, sacaron a la mujer oscilando de la arboleda; seguían al anciano jefe, cuya cobija de leopardo se movía extrañamente bajo el sol.

Habían salido en la parte superior del valle, justo enfrente de los campos de maíz, con mazorcas maduras. A esta altura las plantas de maíz no eran demasiado grandes. El sendero gastado pasaba entre los campos y ella sólo podía ver la figura erguida del anciano jefe con su sarape negro y llameante que avanzaba con pisadas suaves y firmes y ágiles; la cabeza erguida, sin mirar a la derecha o la izquierda. Los cargadores lo seguían con pasos rítmicos y la larga cabellera azulada brillaba como un río sobre los hombros desnudos del que iba enfrente.

Pasaron el maíz y llegaron a un gran muro o terraplén de tierra y tabiques de adobe. Las puertas de madera estaban abiertas. Entraron en un conjunto de pequeños jardines llenos de flores y hierbas y árboles frutales, cada jardín irrigado por pequeños canales de agua corriente. Entre cada montón de árboles y flores

164

se encontraba una brillante casita blanca, sin ventanas y con la puerta cerrada. El lugar era una red de caminitos, arroyos y pequeños puentes entre cada floreciente jardín cuadrado.

Siguiendo la senda más ancha —una vereda entre las hojas y hierbas, un camino alisado y pulido por siglos de pisadas humanas, sin que ningún casco de caballo o rueda alguna lo hubiera arruinado—, llegaron a un riachuelo de aguas transparentes que cruzaron por un puente de troncos. Todo estaba en silencio... No había una sola persona. El camino seguía bajo álamos majestuosos, y de repente salía al exterior de la plaza central del pueblo.

Era un rectángulo alargado hecho por casitas blancas con techos planos y dos construcciones más grandes, como chozas cuadradas encima de otra choza rectangular más larga y grande, que se encontraban en ambos extremos de la plaza, una frente a la otra, algo torcidas. Cada casita era de un blanco deslumbrante, excepto por los extremos redondos de las vigas que se asomaban debajo de las cornisas. Detrás de las construcciones grandes, afuera de la plaza, había una barda y dentro un jardín con árboles y flores y varias casitas.

No se veía ni un alma. Pasaron en silencio entre las casas y entraron a la explanada central. Estaba desnuda y árida: el suelo había sido aplanado por incontables generaciones de pisadas que la atravesaban de una puerta a otra. Todas las puertas de las casas sin ventanas daban a la plaza vacía, pero todas estaban cerradas. Cerca de un umbral había leña, un horno de barro aún humeaba, pero no había signos de vida.

El viejo atravesó la plaza hasta la gran casa en un extremo. Sus dos pisos, como en una casa de juguete, se hallaban uno sobre otro, el de arriba más pequeño que el de abajo. Por fuera, una escalera de piedra conducía al techo del primer piso.

Al pie de esta escalera se detuvieron los cargadores de la camilla y bajaron a la mujer al piso.

—Vas a subir —dijo el joven indio que hablaba español.

La mujer subió los escalones hasta el techo de la primera casa, que formaba una plataforma en torno al muro de la planta superior. Rodeó la plataforma hasta la parte posterior de la casa. Allí bajaron nuevamente, al jardín trasero.

Hasta ese momento no habían visto a nadie más, pero ahora aparecieron dos hombres, con la cabeza descubierta, una larga cabellera trenzada y una especie de camisa blanca que se anudaba para formar un taparrabos. Ellos acompañaron a los recién llegados a través del jardín, entre flores rojas y amarillas, hasta una alargada casita blanca de techos bajos. Entraron sin tocar.

Adentro estaba oscuro. Había un suave murmullo de voces masculinas. Varios hombres se encontraban allí, las camisas blancas se veían en la penumbra, sus rostros eran invisibles. Estaban sentados en un grueso tronco, viejo y liso, que yacía a lo largo de la pared del fondo; aparte de este tronco, el cuarto parecía vacío. Pero no, en la oscuridad, contra otra pared, había un diván, una especie de cama y alguien acostado ahí, envuelto en pieles.

El anciano del sarape moteado que había acompañado a la mujer se quitó el sombrero y el sarape y los huaraches. Los puso a un lado, se acercó al lecho y dijo algo en voz baja. Durante unos momentos no hubo respuesta. Entonces un anciano con pelo blanco como la nieve que colgaba en torno al rostro, apenas visible, se irguió como una visión y, apoyándose sobre un codo, miró vagamente a los recién llegados con un silencio tenso.

El indio canoso volvió a hablar; entonces el joven, tomando la mano de la mujer, la condujo al frente. Con su traje de montar de lino, sus botas negras y su sombrero, con su patético pañuelito rojo, la mujer quedó junto al lecho de pieles de ese hombre tan, tan viejo que apoyado en un codo, alejado como un espectro, la cabellera blanca despeinada, su rostro casi negro, aunque con una distante resolución, ajeno a este mundo, se inclinaba hacia adelante para observarla.

Su rostro era tan viejo, era como obsidiana, y los escasos pelos rizados que brotaban blancos de sus labios y mentón eran increíbles. Los largos mechones rizados, despeinados y en desorden, caían revueltos a los lados de su cara vidriada, y bajo el tenue polvo de las blancas cejas la mirada negra del viejo jefe la observó como desde el otro mundo, viendo algo que no estaba permitido ver.

Finalmente dijo unas cuantas palabras graves y huecas, como al aire oscuro.

—Dice, ¿traes tu corazón al dios de los chilchui? —tradujo el joven.

—Dile que sí —dijo ella, automáticamente.

Hubo una pausa. El anciano habló nuevamente, como al aire. Uno de los presentes salió. Hubo un silencio como de la eternidad en la penumbra del cuarto, apenas iluminado por la luz que entraba desde la puerta.

La mujer miró a su derredor. Cuatro viejos de pelo cano estaban sentados en el tronco junto a la pared, de frente a la entrada. Otros dos hombres, poderosos e impávidos, se encontraban a un lado de la puerta. Todos tenían larga cabellera y vestían camisas anudadas para formar un taparrabos. Sus potentes piernas oscuras estaban desnudas. Había un silencio como de la eternidad.

Finalmente el hombre regresó con ropa blanca y negra en los brazos. El joven indio la tomó y mostrándosela a la mujer, dijo:

—Debes quitarte la ropa y ponerte esto.

—Sólo si todos ustedes salen —dijo ella.

—Nadie te va a hacer daño —dijo él calladamente.

—No mientras ustedes estén aquí —dijo ella.

El muchacho miró a los hombres que se encontraban junto a la puerta. Ellos se acercaron rápidos y súbitamente prendieron los brazos de la mujer, sin lastimarla, pero con mucha fuerza. Entonces dos de los viejos se acercaron y con habilidad rajaron sus botas con afilados cuchillos y se las quitaron, y tajaron su ropa, de manera que las prendas se desprendieran. En unos instantes ella estaba ahí blanca y descubierta. El anciano del lecho habló y la voltearon para que él la pudiera ver. Dijo algo más y el indio joven desprendió hábilmente los pasadores y la peineta de su rubio cabello para que cayera sobre sus hombros en una salvaje maraña.

Entonces el anciano volvió a hablar. El indio la llevó junto al lecho. El anciano de cabello blanco y vidrioso rostro humedeció la punta de sus dedos con la boca y con enorme delicadeza le tocó los pechos y el torso, luego la espalda; y ella se estremecía de manera extraña cada vez que las yemas se posaban en su piel, como si la Muerte misma la estuviera tocando.

Se preguntó, casi con tristeza, por qué no le daba vergüenza su desnudez. Sólo se sentía triste y perdida. Por qué nadie sentía vergüenza. Los viejos, sombríos y tensos, experimentaban otra emoción, profunda y lúgubre, incomprensible, que detuvo totalmente su desasosiego, mientras que el rostro del joven tenía una extraña mirada de éxtasis, y ella, ella sólo era absolutamente ajena, más allá de sí misma, como si su cuerpo no fuera suyo.

Le dieron la ropa nueva: un largo vestido de algodón blanco que le llegaba a las rodillas: luego una túnica azul de lana gruesa, bordada con flores escarlata y verde; se sujetaba sólo de un hombro y tenía un cinturón de lana negra y escarlata trenzada.

Cuando estuvo vestida así, la llevaron, descalza, a una casita en el jardín fortificado. El joven le dijo que podía pedir lo que quisiera. Ella pidió agua para lavarse. Él se la trajo en una jarra, junto con un gran tazón de madera. Luego cerró la reja de la casa y ella quedó prisionera. Podía ver a través de la reja de su casa las flores rojas del jardín y un colibrí. De repente, desde el techo de la casa grande se alzó el sonido largo y pesado de un tambor, con una cadencia que parecía venir de otro mundo y una voz elevada que clamaba desde la cima de la casa en un lenguaje extraño, con una entonación remota y sin emoción, serena, entregando algún discurso o mensaje, y ella escuchaba todo como desde el mundo de los muertos.

Pero estaba muy cansada. Se tendió en un lecho de pieles, cubriéndose con una cobija de lana bruna y durmió, abandonando todo.

Despertó cuando la tarde ya estaba avanzada; el joven estaba entrando con una canasta plana que tenía comida, tortillas y una pasta de maíz con pedacitos de carne, carnero probablemente, y una bebida hecha con miel y algunas ciruelas frescas. También traía una larga guirnalda de flores rojas y amarillas con racimos de capullos azules en los extremos. Salpicó la guirnalda con el agua de una jarra y se la ofreció, sonriendo. Parecía muy gentil y atento, y en su rostro y negros ojos había una extraña expresión de triunfo y éxtasis que la asustó un poco. El brillo había desaparecido de esos ojos con pestañas rizadas y ahora la miraba con un extraño fulgor de éxtasis que no era realmente humano, que era terriblemente impersonal y que la inquietaba.

—¿Hay algo más que quieras? —dijo con su tono quedo, lento, melodioso, que siempre parecía contenido, como dirigido a alguien más o como si no quisiera que el sonido llegara hasta ella.

—¿Me van a tener prisionera aquí? —preguntó.

—No, mañana puedes caminar en el jardín —dijo él suavemente. Siempre esa extraña amabilidad.

—¿Te gusta esta bebida? —dijo, ofreciéndole una pequeña taza de barro—. Es muy refrescante.

Ella bebió el licor con curiosidad. Era una infusión de hierbas endulzada con miel, y tenía un extraño y persistente sabor. El joven la miraba satisfecho.

170

—Tiene un sabor peculiar —dijo ella.

—Es muy refrescante —respondió él; sus negros ojos siempre se posaban en ella con esa mirada de éxtasis satisfecho. Luego se fue y al poco tiempo ella empezó a sentirse mal y a vomitar violentamente, como si no tuviera control sobre sí misma.

Posteriormente sintió que la invadía una relajante languidez, sentía las extremidades fuertes y sueltas y llenas de abatimiento y se acostó en su lecho a oír los sonidos del pueblo, a ver cómo el cielo se volvía amarillo, a oler el aroma de la leña de cedro o de pino quemándose. Podía oír tan nítidamente los ladridos de los minúsculos perros, el andar de pies lejanos, el murmullo de voces; con tanta claridad detectó el olor del humo y las flores y de la tarde cayendo; tan vívidamente veía la estrella solitaria, infinitamente remota, que despertaba sobre la puesta del sol, que le pareció como si todos sus sentidos se hubieran disuelto en el aire, como si pudiera distinguir el sonido de las flores nocturnas abriéndose y el verdadero sonido cristalino de los cielos, mientras las anchas capas de la atmósfera terrestre se deslizaban una sobre otra y como si la humedad ascendente y la humedad descendente resonaran como los acordes de un arpa en el cosmos.

Era una prisionera en su casa y en el jardín empalizado, pero apenas le importaba. Pasaron días antes de que se diera cuenta de que jamás había visto a otra mujer, sólo varones, los viejos de la casa grande, que imaginaba debía ser una especie de templo y ellos sacerdotes de algún tipo, pues siempre vestían los mismos colores, rojo, naranja, amarillo y negro, y siempre tenían el mismo porte grave, abstraído.

A veces algún viejo venía a la habitación a sentarse con ella, en absoluto silencio. Ninguno hablaba otra lengua, salvo el más joven. Los mayores le sonreían y se sentaban con ella una hora a la vez, en ocasiones le sonreían cuando hablaba en español, pero nunca le respondían excepto con esa lenta y aparentemente benévola sonrisa. Le daban la sensación de un servilismo casi paternal. Aun así sus ojos negros, al observarla reflexivamente, ocultaban algo en sus profundidades, algo tremendamente feroz e implacable. Lo cubrían con una sonrisa, inmediatamente, si sentían que los miraba; pero ella lo había visto.

Siempre la trataban con esa extraña e impersonal atención, esa ternura totalmente impersonal, así como un viejo trata a un niño. Pero sentía que había otra cosa, algo subyacente, algo atroz. Cuando el visitante se iba, callado, insidioso, paternal, ella sentía que un estremecimiento de temor la invadía, aunque no sabía a qué.

El joven indio se sentaba y charlaba con soltura, como con una gran franqueza. Pero también con él sentía que todo lo verdadero quedaba sin decirse. Acaso era algo inexpresable. Sus grandes ojos oscuros descansaban sobre ella casi cariñosamente, con un dejo de éxtasis, y en su bella voz, lenta y lánguida, fluía un español sencillo, sin gramática. Le contó que era el nieto del anciano más viejo de todos, hijo del hombre del sarape moteado: ambos eran caciques, reyes de los tiempos antiguos, anteriores incluso a la llegada de los españoles. Pero él había estado en la ciudad de México y también en los Estados Unidos. Había trabajado como obrero, construyendo calles en Los Ángeles. Había llegado hasta Chicago.

172

—¿Y no hablas inglés? —preguntó ella.

Sus ojos la miraron con una peculiar mirada de hipocresía y conflicto y en silencio negó con la cabeza.

—¿Qué hiciste con tu cabello en los Estados Unidos? —preguntó ella—. ¿Te lo cortaste?

De nuevo, con esa mirada atormentada, negó con la cabeza.

—No —dijo con un tono apagado—, usaba sombrero y un pañuelo en la cabeza.

Y volvió a quedar en silencio, como atormentado por los recuerdos.

—¿Eres el único hombre de tu tribu que ha estado en los Estados Unidos?

—Sí, soy el único que ha estado lejos de aquí por mucho tiempo. Los demás regresan pronto, después de una semana. No se van mucho tiempo. Los viejos no los dejan.

—¿Y por qué te fuiste?

—Los viejos querían que me fuera... porque yo seré el cacique...

Siempre hablaba con la misma ingenuidad y franqueza casi infantil. Pero ella sentía que probablemente esto se debía sólo a su español. Aunque podía ser que para él hablar fuera algo irreal. En todo caso, ella sentía que todas las cosas reales se quedaban guardadas.

Venía a visitarla mucho —en ocasiones, más de lo que ella hubiera deseado—, como si buscara acercarse a ella. Le preguntó si estaba casado. Dijo que sí... tenía dos hijos.

—Me gustaría ver a tus hijos —dijo ella.

Pero él solamente le respondió con aquella sonrisa, una sonrisa tierna, casi extática; y encima de ella los ojos oscuros que no cambiaban su enigmática abstracción.

Era extraño: venía a hablar con ella durante largos ratos, sin que jamás la hiciera sentir mal o consciente de su sexo. Parecía carecer de sexo, sentado ahí tan quieto y gentil y aparentemente sumiso, con la cabeza inclinada hacia delante y el río de su negra cabellera brillante fluyendo doncellil sobre los hombros.

Pero al mirarlo de nuevo advertía los hombros amplios y poderosos, las cejas pobladas y rectas, las tenaces pestañas, pequeñas y curvadas, sobre sus ojos que miraban al piso, la breve línea velluda del bigote sobre sus gruesos labios negruzcos, el mentón definido, y veía que de algún misterioso modo él era intensa y tenebrosamente varonil. Y él, sintiéndose observado, alzaba los ojos y le lanzaba una mirada insidiosa que inmediatamente cubría con aquella sonrisa medio melancólica.

Los días y las semanas pasaron dentro de una especie de satisfacción indefinida. A ratos estaba intranquila, pues sentía que había perdido el control sobre sí misma; vivía bajo el hechizo de un poder ajeno, y a veces tenía momentos de horror y terror. Entonces los indios venían y se sentaban con ella, lanzando su insidioso hechizo con su callada presencia, su muda, asexual y poderosa presencia física. Cuando estaban con ella parecían despojarla de su voluntad, dejándola sin decisión, haciéndola víctima de su propia indiferencia, y el joven le traía la dulce bebida, con frecuencia el mismo néctar emético, pero a veces otros, y tras beberlo aquel letargo invadía sus brazos y sus piernas, y sus sentidos parecían flotar en el aire, oyendo, escuchando. Le habían traído una perrita, a la que llamó Flora, y una vez, en el arrobamiento de sus sentidos, le pareció que *oía* a la perrita concebir en su minúsculo vientre y empezaba a estar preñada de cría; y en otra ocasión pudo oír el vasto sonido de la Tierra al girar y era como el sonido reverberante de la cuerda de un arco inmenso.

Pero al hacerse los días más breves y fríos, cuando sentía frío, su voluntad revivía de súbito y la invadía el deseo de salir, de irse, y le insistía al joven: quería salir.

Así que un día la dejaron subir al techo de la casa grande y mirar la plaza. Era el día de la gran danza, pero no todo mundo danzaba. Mujeres con niños en los brazos estaban en el umbral de sus casas, observando. Del lado opuesto, en el otro extremo de la plaza, había una multitud delante de la otra casa grande y un pequeño grupo reluciente en el techo del primer piso, frente a las puertas abiertas del piso superior. A través de las puertas abiertas podía ver el brillo de una hoguera en la oscuridad y el movimiento de varios sacerdotes con tocados de plumas negras y amarillas y escarlata, envueltos en sarapes negros y rojos y amarillos, con largos flecos verdes. Un gran tambor pulsaba lenta y regularmente en el denso silencio indio. La multitud en la plaza esperaba.

Entonces el tambor inició con agudos golpes y luego vino un clamor hondo y poderoso de voces masculinas cantando una música dura y salvaje, como el rugir del viento en una selva intemporal, muchos hombres maduros cantando al unísono, como el viento, y largas líneas de danzantes salieron de la planta inferior de la gran casa. Hombres con el cuerpo dorado de bronce desnudo y con largas cabelleras negras, con manojos de plumas rojas y amarillas en los brazos y faldas de lana blanca con una franja de grecas rojas y negras y verdes bordadas en torno a la cintura, ligeramente inclinados y pisando la tierra, con el ritmo monótono y absorto de la danza; en la espalda tenían una hermosa piel de zorro que colgaba de su cintura por la nariz y oscilaba con un vaivén suntuoso, la punta de la cola se retorcía ondulante sobre los tobillos de los danzantes, y detrás de cada hombre, una mujer con un elaborado tocado de plumas y conchas marinas y con una túnica negra corta, moviéndose erguida, agitando en cada mano manojos de plumas, meneaba las muñecas rítmicamente, pisando la tierra suavemente con pies desnudos.

Así, la línea de danzantes se desplegaba frente a la casa grande en el extremo opuesto de la plaza y en la casa grande donde ella estaba, un extraño aroma de incienso, un extraño silencio tenso, luego un clamor inhumano de voces masculinas que respondía y la larga fila de danzantes empezó a desplegarse .

Continuó todo el día: la cadencia insistente del tambor, el clamor cavernoso, rugiente como el de una tempestad de los cantos masculinos, el incesante vaivén de las pieles de zorro detrás de las vigorosas piernas de bronce de los hombres que golpeaban la tierra, el sol otoñal que desde un perfecto cielo azul se derramaba sobre los ríos de cabello negro de hombres y mujeres, el valle inmóvil, más allá las paredes de roca, y la horrible masa de las montañas perfilada contra el cielo puro; su nieve parecía bullir con absoluta blancura.

Durante horas y horas ella observó, hechizada como bajo el influjo de alguna droga, y en la atroz persistencia del tambor y en los arcaicos, hondos y fluidos cantos, y en los interminables pasos de la danza de los hombres con cola de zorro y en las fuertes pisadas de las mujeres en túnicas negras, erguidas como aves, le pareció que finalmente podía sentir su propia muerte; su anulación. Como si fuera a ser suprimida, borrada de la faz de la vida una vez más. En los extraños símbolos encimados sobre las cabezas de las mujeres absortas, inmutables, le pareció leer nuevamente el *Mene Mene Tekel Upharsin*. El tipo de mujer que ella era, intensamente personal e individual, habría de ser nuevamente anulado y los grandiosos símbolos primigenios de nuevo se alzarían sobre la derrocada independencia individual de la mujer. La agudeza y la tambaleante conciencia de la mujer blanca pura sangre nuevamente serían destrozadas, esta feminidad sería arrojada de nuevo dentro de la gran corriente de sexo y pasión impersonal. Extrañamente, como si fuera clarividente, ella vio el inmenso sacrificio preparado y regresó a su casita en un trance de agonía.

Después de esto, experimentaba siempre cierta agonía cuando por la tarde oía los tambores y el raro clamor exaltado de los hombres cantando en torno al tambor, como criaturas salvajes, aullando a los dioses de la luna y el desaparecido sol: algo del quejido sollozante y riente del coyote, el ladrido exultante del zorro, la lejana y salvaje exultación melancólica del lobo, el alarido atormentado del puma y la obstinación del arcaico y feroz macho humano, con sus alternancias de ternura y su permanente brutalidad.

A veces subía al techo después que anochecía y escuchaba cantar a un grupo indistinto de jóvenes junto al tambor instalado en el puente, más allá de la plaza, cada hora. A veces había una hoguera y al fulgor de las llamas hombres con camisas blancas o desnudos excepto por su taparrabos danzaban y batían la tierra con sus pies como espectros, hora tras hora, bajo el aire negro y frío, entre el brillo del fuego, por siempre bailando y pisando como guajolotes o cayendo en cuclillas junto a la hoguera para descansar, envueltos en sus sarapes.

—¿Por qué todos usan los mismos colores? —le preguntó al joven—. ¿Por qué todos usan rojo y amarillo y negro sobre las camisas blancas, y las mujeres túnicas negras?

Él la miró a los ojos con curiosidad y aquella tenue y elusiva sonrisa apareció en su rostro. Bajo la sonrisa yacía una suave y extraña malignidad.

—Porque nuestros hombres son el fuego y el día y nuestras mujeres son los huecos entre las estrellas de la noche.

—¿Las mujeres ni siquiera son estrellas?

—No. Decimos que ellas son los huecos entre las estrellas, los huecos que las separan.

La miró de manera extraña y de nuevo ese dejo de escarnio asomó en sus ojos.

—La gente blanca —dijo— no sabe nada. Son como niños, siempre con juguetes. Nosotros conocemos el sol y conocemos la luna y decimos que cuando una mujer blanca se sacrifica a nuestros dioses, entonces nuestros dioses comenzarán a hacer el mundo de nuevo y los dioses del hombre blanco caerán a pedazos.

—¿Sacrificarse de qué manera? —preguntó ella rápidamente.

Y cubierto con la misma rapidez, se ocultó tras una sonrisa sutil.

—Sacrifica a sus dioses y viene a nuestros dioses, eso quiero decir —dijo con dulzura.

Pero no la tranquilizó. Sintió una helada punzada de terror y de certeza en su corazón.

—El sol está vivo en un extremo del cielo —continuó— y la luna vive en el otro, y el hombre todo el tiempo tiene que cuidar que el sol esté contento en su lado del cielo, y la mujer tienen que cuidar que la luna esté tranquila en su lado del cielo, y ella tiene que trabajar todo el tiempo en esto, y el sol nunca puede entrar a la casa de la luna y la luna nunca puede entrar a la casa del sol, en el cielo. así que la mujer pide a la luna que entre en su cueva, dentro de ella; y el hombre baja el sol, hasta que tiene el poder del sol. Todo el tiempo hace esto. entonces cuando el hombre toma una mujer, el sol entra en la cueva de la luna y así es como todo en el mundo comienza.

Ella lo escuchaba, observándolo fijamente, así como un enemigo ve a otro que habla en doble sentido.

—Entonces —dijo ella—, ¿por qué ustedes los indios no son amos de los hombres blancos?

—Porque el indio se volvió débil y perdió su poder sobre el sol, así que el hombre blanco se robó el sol, pero no lo sabe guardar, no sabe cómo hacerlo. Lo atraparon pero no saben qué hacer con él, como un niño que ha atrapado un oso y no puede matarlo y no puede escapar de él. El oso se come al niño que lo atrapó cuando intenta huir de él. Los hombres blancos no saben lo que hacen con el sol y las mujeres blancas no saben lo que hacen con la luna. La luna está enojada con las mujeres blancas, como un puma cuando matan a sus crías. La luna muerde a la mujer blanca, su interior —presionó su costado—. La luna está enojada en la cueva de la mujer blanca. El indio puede verlo y pronto —añadió—, la luna va a regresar con la mujer india y ella la mantendrá tranquila en su casa, y el hombre indio va a conseguir al sol y el poder sobre todo el mundo. Los blancos no saben qué es el sol. Nunca saben.

Se sumió en un extraño silencio exaltado.

—Pero —balbuceó la mujer— ¿por qué nos odian así? ¿Por qué me odias?

Él alzó la vista rápidamente, el rostro iluminado por la llama de una sonrisa.

—No, nosotros no odiamos —dijo él suavemente y en su mirada había un brillo singular.

—Sí, sí odian—dijo ella, afligida y desesperanzada.

Tras un momento de silencio, el indio se levantó y salió.

III

El invierno llegó al alto valle, con nieve que se derretía bajo los rayos del sol y noches terriblemente heladas. Ella seguía viviendo en una especie de ofuscamiento, sentía cómo su energía se escapaba más y más de ella, como si su voluntad la estuviera abandonando. Siempre experimentaba el mismo estado de relajamiento, confusión, victimización, a menos que la dulce infusión de hierbas entumeciera del todo su mente y liberara sus sentidos a una especie de enaltecida y mística agudeza, que la hacía sentir como si se diluyera deliciosamente en la armonía de las cosas. Con el tiempo, éste se convirtió en el único estado de conciencia que realmente reconocía; el exquisito sentimiento de estarse desangrando en una belleza y armonía superior. Entonces podía escuchar realmente a las estrellas del cielo, que veía desde su puerta, hablar desde el movimiento y el brillo, diciendo cosas de manera perfecta al cosmos, mientras avanzaban rielando con perfectas ondulaciones, como campanas en el techo del cielo, pasándose una a otra y congregándose en una danza eterna, con espacios negros entre sí, y podía oír cómo caían los copos de nieve en un día nublado y frío, piando y silbando tenuemente, como aves que en el otoño se reúnen en bandadas y se alejan volando, súbitamente despidiéndose de la invisible luna, liberando tibias ondas de paz al deslizarse entre los campos del aire. Ella misma le pediría a la nieve detenida que cayera desde las alturas, a la invisible luna le diría que aplacara su ira, que hiciera las paces nuevamente con el invisible sol, como una mujer que deja de estar enojada en su hogar, y podría oír la dulzura de la luna entregándose al sol en el cielo invernal, cuando la nieve caía en un leve relajamiento perfumado de frío, mientras la paz solar se mezclaba de nuevo, en una especie de unísono, con la paz lunar.

También estaba consciente de esa especie de sombra que se cernía sobre los indios del valle, un desconsuelo hondo y estoico, casi religioso en su profundidad.

—Perdimos el poder sobre el sol y tratamos de recuperarlo, pero se ha vuelto salvaje con nosotros, nos huye como un caballo que se escapó. Nos hemos esforzado mucho —decía el indio joven, mirándola fijamente con un significado forzado, y ella, como hechizada, respondió:

—Espero que lo recuperen.

Una sonrisa de triunfo alzó el vuelo en su rostro.

—¿De verdad lo deseas?

—Sí —respondió ella fatalmente.

—Pues entonces sí, entonces lo recuperaremos.

Y salió lleno de exultación.

Ella se sintió como si flotara hacia una especie de consumación, que no tenía voluntad de evitar, aunque le parecía ominosa y terrible.

Tenía que haber sido casi diciembre, pues los días eran cortos cuando la volvieron a llevar ante el anciano y la desnudaron y la tocó con las puntas de sus viejos dedos.

El añoso cacique la miró a los ojos, con esos ojos solitarios, remotos, negros, y le dijo algo con un murmullo.

—Quiere que hagas el signo de la paz —tradujo el muchacho, mostrándole el gesto—. Paz y despedida.

Ella quedó fascinada por los ojos vidriosos e inmóviles del viejo cacique que la miraba sin pestañear como un basilisco que la subyugaba. En sus profundidades ella vio también una cierta compasión y súplica paternales. Alzó una mano ante su rostro y en la forma requerida hizo el signo de paz y adiós, él le devolvió el mismo gesto y luego se hundió en las pieles del lecho. Pensó que estaba a punto de morir y que él lo sabía.

Siguió un día de ceremonias, donde ella apareció

ante toda la gente envuelta en una cobija azul con fleco blanco y sosteniendo plumas azules en las manos. Ante un altar de la casa grande, la sahumaron con incienso y le rociaron cenizas. Ante el altar de la otra casa, fue sahumada nuevamente por los hermosos y aterradores sacerdotes vestidos con sus vestimentas amarillas y rojas y negras, los rostros pintados de escarlata. Luego la rociaron con agua. Mientras tanto ella tenía una vaga noción del fuego en el altar, del grave y poderoso sonido del tambor, del hondo clamor de hombres que empezaron poderosa, honda y salvajemente a cantar, de la ondulación de la multitud de rostros debajo en la plaza y de la formación para una danza sagrada.

Pero para este momento su conciencia normal estaba entumecida, veía todo lo que la rodeaba como sombras, casi inmaterial, pero con sus sentidos refinados y aguzados podía oír la Tierra, volando como una flecha, podía oír su crujido ondulante al surcar el aire, tras la honda vibración de la cuerda de un gran arco, y le pareció sentir que existían dos grandes influencias en las alturas, una dorada hacia el sol y otra de invisible plata; la primera era como una lluvia que ascendía hacia la dorada presencia solar, la segunda era como una lluvia plateada que descendía las escalas del espacio hacia las nubes que flotan sobre las nevadas cimas montañosas, y luego entre ambas otra presencia masculina, que aguarda el momento de sacudirse la humedad, liberarse de la tupida nieve blanca que misteriosamente le había caído encima y ya en el verano, como un águila chamuscada, aguardaría el momento de sacudirse la carga de los pesados rayos solares, y tenía los colores del fuego, y siempre estaba a punto de sacudirse, de liberarse de la nieve o del pesado ardor, como un águila que sacude su plumaje.

Además había una presencia aún más extraña, que la observaba desde la azul distancia, siempre observaba, a veces corriendo en el viento o brillando en las ondas cálidas. El mismo viento azul, que corría desde los túneles hacia el cielo, que bajaba raudo del cielo hacia la tierra. El viento azul, el intermediario, el espectro invisible que pertenece a dos mundos, que tocaba en los acordes ascendentes y descendentes de las lluvias.

Cada vez más su conciencia personal cotidiana la había abandonado, había pasado a otro estado de apasionada conciencia cósmica, como alguien bajo la influencia de una droga. Los indios, con su honda naturaleza religiosa, la habían hecho sucumbir a su visión.

Sólo una pregunta personal le hizo al joven indio.

—¿Por qué soy yo la única que usa azul?

—Es el color del viento. Es el color de lo que se va y nunca regresa, pero que permanece aquí, esperando como la muerte entre nosotros; es el color de los muertos y es el color que está alejado, que nos mira desde la distancia, que no se nos puede acercar. Cuando nos acercamos, se va más lejos. No puede estar cerca. Nosotros somos todos morenos y amarillos y nuestro cabello es negro y tenemos dientes blancos y sangre roja. Somos los que estamos aquí. Ustedes de ojos azules, ustedes son los mensajeros de lo lejano, no pueden quedarse y ahora es tiempo de que regresen.

—¿A dónde? —preguntó ella.

—A las cosas lejanas como el sol y la azul madre de la lluvia, para decirles que de nuevo somos la gente del

184

mundo y podemos llevarle el sol a la luna de nuevo, como un caballo rojo a una yegua azul: somos la gente. La mujer blanca hizo que la luna regresara al cielo, no la deja venir al sol. Así que el sol está enojado y el indio tiene que dar la luna al sol.

—¿Cómo? —dijo ella.

—La mujer blanca tiene que morir e ir como un viento al sol, tiene que decirle que los indios van abrir la reja para él y las mujeres van a abrir la reja para la luna. Las mujeres blancas no dejan salir al sol del corral azul. Antes la luna bajaba entre las indias, como una chiva blanca entre las flores. El sol quiere bajar entre los indios, como un águila entre los pinos. El sol está encerrado detrás del hombre blanco y la luna, ella está encerrada detrás de la mujer blanca y no pueden escapar. Están enojados, todas las cosas del mundo se enojan más. El indio dice que va a dar la mujer blanca al sol, para que el sol salte sobre el hombre blanco y venga al indio de nuevo y la luna se va a sorprender, va ver la reja abierta y no va saber para dónde ir. Pero la mujer india va llamar a la luna: "¡Ven! ¡Ven! Regresa a mis campos de pastura. La malvada mujer blanca ya no te puede lastimar". Entonces el sol va a mirar sobre las cabezas de los hombres blancos y va ver la luna entre los pastizales de nuestras mujeres, con los Hombres Rojos alrededor como pinos, entonces va saltar sobre las cabezas de los hombres blancos y va llegar corriendo hasta los indios a través de los abetos, y nosotros que somos rojos y negros y amarillos, nosotros que nos quedamos, tendremos al sol en la mano derecha y a la luna en la izquierda, para poder sacar la lluvia de los campos azules y sacarla de los negros, y llamar al viento que le dice al maíz que crezca cuando se lo pedimos y haremos que las nubes se abran y podremos hacer que los borregos paran gemelos y estaremos llenos de poder, como un día de primavera, pero la gente blanca será un invierno duro, sin nieve...

—Pero —dijo la mujer blanca— yo no encierro a la luna. ¿Cómo podría?

—Sí —dijo el indio—. Cierras la reja y luego te ríes y crees que puedes hacer lo que quieres.

Nunca había podido entender su manera de mirarla. Siempre era tan extrañamente tierno y su sonrisa tan suave. Sin embargo había tal brillo en sus ojos y esa especie de irremisible odio en sus palabras, un odio extraño, profundo, impersonal. Personalmente le gustaba, estaba segura. Era tierno con ella, se sentía atraído por ella en cierta extraña y suave forma desapasionada. Pero, de manera impersonal, la odiaba con un odio místico. Le sonreía con gusto; aun así, cuando ella, momentos después, le lanzaba una mirada cuando estaba desprevenido, podía detectar ese brillo posterior de odio puro en sus ojos.

—¿Tengo que morir para que me entreguen al sol? —preguntó.

—Algún día —respondió el joven riendo evasivamente—, algún día todos tenemos que morir.

Todos eran dulces con ella y muy considerados. Hombres desconocidos, tanto los viejos sacerdotes como el joven cacique, todos la cuidaban y atendían como mujeres. En su suave e insidioso trato había algo de femenino. Sin embargo esos ojos con su brillo extraño, esa boca oscura que al abrirse revelaba una fuerte qui-

186

jada de pequeños y duros dientes blancos, tenían algo primitivamente varonil y muy cruel.

En un día de invierno, cuando caía la nieve, la llevaron a una gran habitación oscura de la casa grande. Ardían las llamas en una esquina sobre un alto estrado cubierto por una bóveda de adobe. Al fulgor de la lumbre vio los brillantes cuerpos casi desnudos de los sacerdotes y símbolos extraños en el techo y los muros. No había puerta o ventana alguna en la habitación; habían descendido por una escalera, desde el techo, y el fuego de la leña danzaba incesante, iluminando los muros pintados con extraños diseños que ella no podía entender y un techo de vigas que formaban un extraño patrón negro y rojo y amarillo, y hornacinas o nichos con extraños objetos que ella no podía percibir bien.

Los sacerdotes más viejos realizaban una ceremonia cerca de la hoguera, en silencio, intenso silencio indio. La sentaron entre dos hombres, en una banca que salía del muro que estaba del lado opuesto de la hoguera. Poco después la hicieron beber de una taza, lo que ella hizo gustosa por el arrobamiento que le induciría.

En la penumbra y el silencio, ella estaba agudamente consciente de todo lo que le estaba sucediendo: cómo le quitaron la ropa y la colocaron frente a un extraño artefacto de color azul y blanco y negro en un muro, donde le lavaron enteramente el cuerpo con agua y con el té de amole; incluso le lavaron el cabello cuidadosamente y luego lo secaron con telas blancas hasta que estuvo suave y lustroso. Entonces la acostaron en un lecho bajo otra gran imagen indescifrable de color rojo y negro y amarillo, y luego ungieron todo su cuerpo con un aceite de olor dulce y masajearon sus extremidades y su espalda y su torso, con un prolongado e hipnótico masaje. Sus morenas manos poseían un poder increíble aunque eran suaves, con una suavidad acuosa que ella no podía entender; y los morenos rostros, inclinados sobre su blanco cuerpo, notó, estaban oscurecidos por una pintura roja con líneas amarillas que rodeaban las mejillas, y los oscuros ojos brillaban absortos mientras las manos hacían su labor en el suave cuerpo blanco de la mujer.

Eran tan impersonales, absortos en algo fuera del alcance de la mujer. Nunca la habían visto como una mujer individual: de eso estaba consciente. Para ellos era un objeto místico, un vehículo de pasiones demasiado remotas como para que ella las pudiera comprender. Ella misma en estado de trance, veía los rostros reclinarse sobre ella, oscuros, relucientes con una pintura roja translúcida y atravesadas por líneas amarillas y detrás esas tenebrosas y relucientes máscaras hechas de carne viva; los ojos estaban dotados de un brillo imperturbable y definitivo y los labios pintados de púrpura estaban sellados con una severidad triste, siniestra, total. La inmensa tristeza fundamental, la severidad de la decisión final, la fijeza de la venganza y la naciente exultación de aquellos que van a triunfar: ella podía leer todo esto en sus rostros, mientras estaba acostada y aquellas extrañas manos la ungían hacia un fulgor nebuloso. Sus extremidades, su piel, hasta sus huesos parecieron disolverse finalmente en una niebla rosada dentro de la cual su conciencia flotaba como un rayo solar en una nube sonrojada.

Sabía que el fulgor se desvanecería, la nube se tornaría gris, pero en ese momento no lo creía. Sabía que era una víctima; toda esta elaborada preparación de su cuerpo era el esfuerzo para convertirla en una víctima. Pero no le importaba. Lo deseaba.

Más tarde la vistieron con una corta túnica azul y la llevaron a la terraza superior para presentarla al pueblo. Vio la plaza debajo de ella, llena de rostros oscuros y ojos refulgentes. No había lástima: sólo la peculiar exultación dura. La gente dio un grito sordo al verla y ella se estremeció, pero apenas si le importaba.

El día siguiente fue el último. Durmió en una habitación de la casa grande. Al alba la cubrieron con una gran cobija azul con flecos y la condujeron a la plaza entre la multitud silenciosa, vestida con sarapes negros. En el suelo había nieve pura y blanca, y las personas morenas con sus sarapes umbríos parecían habitantes de otro mundo.

Un gran tambor latía lentamente y un viejo sacerdote declamaba desde el techo de una casa. Pero no fue hasta mediodía que apareció una camilla y la gente emitió ese sordo grito animal que resultaba tan conmovedor. En la abultada camilla se encontraba sentado el anciano cacique, su cabello blanco entrelazado con una trenza negra y grandes turquesas. Su rostro era como un fragmento de obsidiana. Alzó la mano e hizo un gesto y la litera se detuvo ante la mujer. Observándola, le habló por unos instantes con su hueca voz. Nadie tradujo.

Otra litera llegó y la colocaron en ella. Cuatro sacerdotes avanzaron con sus colores rojo y amarillo y negro y con sus tocados de plumas. Le siguió la litera del viejo cacique. Entonces empezaron los suaves tambores y dos grupos de cantantes irrumpieron simultáneamente con un canto salvaje y masculino y los hombres rojos y dorados, casi desnudos, ataviados con plumas ceremoniales y faldas, ríos de cabello negro se derramaban en sus hombros, formaron dos filas y empezaron a danzar. Así salieron enhebrados de la plaza cubierta de nieve, en dos suntuosas filas, rojas, doradas y negras y de piel, meneándose con un leve tintineo de conchas y pedernales, ondulando sobre la nieve entre dos enjambres de hombres que cantaban en torno a los tambores.

Lentamente salieron y su litera, con un séquito de espeluznantes sacerdotes emplumados, los siguió. Todo mundo se movía al ritmo de la danza, incluso, sutilmente, los cargadores de la litera, y todos salieron danzando de la plaza por el sendero, dejando atrás hornos humeantes, hasta el camino de grandes álamos, que se elevaban como encaje plateado contra el cielo azul, desnudo y exquisito sobre la nieve. El río, disminuido, se apresuraba entre colmillos de hielo. Las cuadradas huertas dentro de las empalizadas estaban llenas de nieve y las casitas blancas ahora se veían amarillentas.

El valle resplandecía, insoportable, con la nieve virginal, hasta los muros de roca, y a través del manto níveo seguía serpenteando la larga hebra de la danza, meneándose lenta y suntuosamente, con movimientos naranjas y negros. Los tambores pulsaban rápidamente y en el aire cristalino helado el oleaje y el rugido del canto de salvajes era como una obsesión.

Sentada en su litera la mujer lo miraba todo con

inmóviles ojos azules; bajo ellos yacían las pálidas cicatrices de su drogada fatiga. Ella sabía que iba a morir entre el brillo de esta nieve, a manos de esta gente salvaje y suntuosa y alzando la vista a las llamaradas azules del cielo sobre la mole flagelada de las montañas, pensó: "Ya estoy muerta. ¡Qué importa la transición entre mi muerte actual y la muerte que pronto tendré!" Incluso así sintió a su alma enfermar y palideció.

La extraña procesión siguió, en perpetua danza, lentamente a través de la planicie nevada y entró a la ladera entre los árboles. Ella vio a los hombres de oscuro bronce bailar la danza, hacia adelante, entre los troncos de pálido cobre y finalmente, también ella, en su oscilante camilla, entró a los pinos.

Seguían viajando, cuesta arriba, a través de la nieve bajo los árboles, más allá de las soberbias astas de pálido cobre congelado, que se agitaban y crujían al sonido de la danza. Estaban siguiendo el lecho de un arroyo, pero el arroyo estaba seco, como el estío, secado por el helamiento de la corriente principal. Había oscuros arbustos de sauce rojos como el bronce, con zarzas como melenas salvajes y pálidos álamos como carne helada contra la nieve. Luego sobresalían las negras peñas.

Por fin pudo observar que los danzantes habían dejado de avanzar. Ella se acercaba cada vez más a los tambores, como a la guarida de unos animales misteriosos. Luego salió de entre los matorrales a un extraño anfiteatro. Al frente había una alta pared de roca cóncava, frente a la cual colgaba, goteante, un gigantesco colmillo de hielo. El hielo se había derramado sobre la piedra desde el precipicio y había quedado congelado, goteando desde los cielos, casi hasta las piedras huecas, en donde debía estar la poza de la cascada. Pero la poza estaba seca.

Los danzantes se habían alineado a cada lado de la poza seca; la danza continuaba sin pausas, contra un fondo de matorrales.

Pero lo que ella sintió fue ese pináculo invertido como un colmillo de hielo que colgaba de la boca del precipicio, y tras esa gran cuerda de hielo vio las figuras de los sacerdotes que como leopardos escalaban la cara cóncava de la roca hasta una cueva, como la oscura cuenca del ojo tiene una cavidad, un orificio a la mitad del peñasco.

Antes de que se diera cuenta, los cargadores de la litera empezaron a subir la pared a trompicones. Ahora ella también estaba detrás del hielo. Colgaba ahí, como una cortina que no había sido desplegada y cuelga como un gran colmillo, y cerca de ella estaba el orificio de la cueva, hundiéndose oscuro en la piedra. Ella lo miró mientras se columpiaba al subir.

En la plataforma de la cueva esperaban los sacerdotes, en la grandiosidad de sus plumas y sus ropas con flecos, viéndola ascender. Dos de ellos se agacharon para ayudar a los cargadores y finalmente llegó a la plataforma de la cueva, detrás de la estaca de hielo, sobre el anfiteatro entre los matorrales, donde los hombres bailaban y todos los habitantes del pueblo estaban reunidos en silencio.

El sol iba bajando el cielo del atardecer, a la izquierda. Ella sabía que éste era el día más corto del año y el último de su vida. Ahí estaba de frente a la iridiscente columna de hielo, que caía maravillosamente congelada, lejana frente a ella.

Alguien hizo una señal y la danza se detuvo. Hubo un silencio absoluto. Le dieron algo de beber, entonces dos sacerdotes le quitaron su capa y su túnica y quedó allí con su extraña palidez, entre los atavíos encendidos de los sacerdotes, tras el pilar de hielo, sobre la muchedumbre de rostros morenos. La muchedumbre emitió aquel grito sordo y salvaje. Entonces un sacerdote la hizo girar para que diera la espalda al mundo, su larga cabellera rubia hacia la gente. Entonces volvieron a gritar.

Ella estaba de frente al interior de la cueva. Una hoguera ardía y parpadeaba en las profundidades. Cuatro sacerdotes se habían quitado el atuendo y estaban casi tan desnudos como ella. Eran hombres poderosos en la flor de la vida y mantenían inclinados sus oscuros rostros adornados.

Desde el fuego se acercó un viejo sacerdote con un sahumador. Estaba desnudo y en un estado de éxtasis bárbaro. Sahumó a la víctima, al mismo tiempo que oraba con una voz hueca. Detrás de él llegó otro sacerdote desnudo empuñando dos cuchillos de pedernal.

Tras sahumarla, acostaron a la mujer en una losa plana, los cuatro hombres poderoso asieron sus extendidos brazos y piernas. Detrás estaba el anciano, como un esqueleto cubierto de vidrio negro, empuñando el cuchillo y mirando hipnotizado el sol y detrás de él otro sacerdote desnudo con un cuchillo.

Casi no sentía nada, aunque era consciente de todo lo que sucedía. Volviendo el rostro hacia el cielo, miró el sol dorado. Se estaba hundiendo. El bloque de hielo era como una sombra entre el sol y ella y se dio cuenta de que los rayos dorados llenaban la mitad de la cueva, aunque aún no habían llegado al altar donde se encontraba el fuego, en el fondo de la cavidad en forma de embudo.

Sí, los rayos lentamente se arrastraban hacia el interior. Mientras más rojizos se volvían, más penetraban. Cuando el sol rojo estuviera a punto de hundirse, su luz atravesaría el bloque de hielo, iluminando plenamente el interior de la cueva, hasta la parte más profunda.

Entonces entendió que esto era los que los hombres estaban esperando. Incluso aquellos que la sujetaban tenían el torso encorvado, torcido, sus ojos observaban el sol con un brillo ansioso y sobrecogido y anhelante. Los oscuros ojos del anciano cacique estaban fijos como negros espejos en el sol, como si fueran ciegos pero tuvieran alguna respuesta espantosa para el enrojecido planeta invernal. Los ojos de todos los sacerdotes se habían posado en la refulgente esfera mientras se hundía, en el enrojecido silencio glaciar de la tarde de invierno.

Todos estaban ansiosos, terriblemente ansiosos y feroces. Esa ferocidad deseaba algo, y todos aguardaban el momento y su ferocidad estaba lista para saltar a una exultación mística, triunfal; pero estaban ansiosos.

Sólo los ojos del hombre más anciano estaban tranquilos. Negros y fijos y como si estuvieran ciegos, observaba el sol, mirando más allá del sol, y en su negra y vacía concentración había poder, un poder intensamente abstracto y remoto, pero profundo, enraizado

194

en el corazón de la tierra y el corazón del sol. Absolutamente inmóvil esperaba a que el último rayo del sol atravesara la columna de hielo. Entonces el viejo daría el golpe, el golpe infalible, consumaría el sacrificio y obtendría el poder.

La supremacía que el hombre debe detentar y que pasa de raza en raza.

Traducción de Mariano Sánchez Ventura

UN POCO DE ACCIÓN EN EL CARIBE

Barry Lopez

A las cinco cuarenta y cinco, Libby Dalaria ya tenía sus maletas acomodadas en el pasillo junto a la puerta de su departamento. Por primera vez desde que había ido a Cancún con Brad creía tener todo en orden, incluso la ropa interior. Sólo le preocupaba cómo le quedaba su equipo de buceo, pero David había revisado cada pieza y le dijo que no se preocupara. Aun así, le parecía que él no tenía idea de cómo debía verse todo junto, además cuando ella dijo que quería las aletas verde de limón se molestó porque sólo se consiguen bajo pedido.

Lo importante, le había dicho, era tener un equipo propio: nada de equipos alquilados, nada de usar las cosas de alguien más. Había sido muy enfático y ella lo obedeció.

Ahora, pensó, sólo hay que esperar a que llegue el taxi. Volvió a examinar el dispensador de comida para gato y revisó la programación de la videocasetera. Hay tantos shows cada semana, se dijo, ¿cómo haré para ver todo cuando regrese? Canceló el especial de Julia Roberts.

David tenía los pasaportes, tenía los boletos, tenía el dinero ya cambiado. Qué alivio, pensó ella. Era tan bueno para estas cosas, ella se podía concentrar en

196

lo que realmente le importaba. Nada era esencial, se dijo, pero, ¿por qué no hacerlo bien? El libro *Losing Girlfriends*, que Helena le había recomendado, su nueva crema de noche, Benediction (había cambiado todas sus otras cremas por las de especificación para el ozono), y luego las vitaminas, el ginseng, todo eso, condones, en caso de que David los olvidara, el nuevo CD de los Wet Maniacs, el remasterizado de Bob Marley, que escucharía en el avión, para entrar en ambiente.

—Qué tonto —dijo en voz alta mientras recordaba a Brad y buscaba por la ventana a David en el taxi. Con Brad, pensó, además de tener que hacer todas estas cosas hubiera tenido que conseguir las visas, comprar los boletos e investigar cuáles eran las vacunas que él necesitaba—. Qué desperdicio —exclamó, mirando fijamente las manchas pardas en las cortinas de la cocina—. Dos años con ese sapo.

David llegó con el taxi. Ella miró el reloj. Las seis de la mañana en punto.

—Me encanta —dijo.

Ir en coche desde Arvada hasta el nuevo aeropuerto de Denver, pensaba Libby, era como manejar a otro país para tomar el avión. Kilómetros y kilómetros de campos anónimos, sin casas, sin montañas, sin conjuntos habitacionales, sin carreteras, sin árboles.

—¿Dónde está el aeropuerto? —interrogó al conductor—. ¿En Kansas?

—Sí, ¿verdad? —rió el taxista. David la miró como si fuera tonta. No estuvo bien, se dijo ella.

Tomarían el vuelo de United a Miami y luego Air

Carib hasta St. Matthew, luego desde Bahía Blanco hasta San Carlos. No le gustó que David se la pasara mirando la pantalla de su *laptop* durante todo el vuelo a Miami, pero él arguyó que la única manera en que podía tomarse esas vacaciones era trabajando un poco durante el viaje.

—Tú *controlas* tu universo —dijo tras cerrar la computadora con firmeza. Le dio unos golpecitos en la tapa, como si encerrara algo importante. Lanzó una mirada que pretendía pasar por inteligente y confabulatoria a Libby, pero que ella entendió como que estaba en algún negocio raro. En el aeropuerto le mostró casualmente cincuenta billetes de cien dólares en un sobre bancario.

Cuando aterrizaron, David hizo varias llamadas con el celular, desde la sala de United hasta la de Air Carib. Ella odiaba que la ignoraran. Él le dijo que sólo estaba poniéndose en contacto con todos.

—Si quieres ser imprescindible —la instruyó—, tienes que asegurarte de que realmente eres lo que ellos esperan que seas. Contesta sus preguntas antes de que las hagan. Al cabo de un tiempo sienten que eres indispensable. Así funciona, especialmente dentro del plan que tengo para estos tipos. Quiero que se acostumbren a mí, luego desaparezco y dejo que sufran un poquito la semana que viene...

—Bueno, está bien.

—Porque, sabes, arruiné algunas cositas... y se van a enterar la semana que viene —le esbozó una gran sonrisa, una que había tomado de algún otro lado y alzó la mano con los dedos extendidos para que ella se la chocara.

Pasaron la aduana en St. Matthew. Mientras esperaban su vuelo en la sala de Bahía Blanco ella sacó un ejemplar de *Allure*. Apenas se había metido en la lectura de un artículo titulado "Revela tus encantos en las juntas importantes", cuando él dijo:

—Dime pues, ¿soy un aburrido de mierda o qué?

Cerró la revista y la guardó en su maletín. Mientras hacía esto, él se lo quitó y lo puso sobre sus rodillas. Hizo a un lado la revista y tomó una de las bolsitas de maquillaje. Del interior sacó una cajita de aluminio. Abrió la tapa sólo lo suficiente para que ella viera los cuatro churros.

—¡Estás loco! ¡Por Dios! —susurró furiosa.

—La genialidad, Libby —le señaló calmadamente David—, es que nadie *mete* drogas al Caribe, ¿verdad?

Examinó con atención el lobby mientras David los registraba en el Beach Banner Inn. Si hubieras leído algo sobre el lugar en una revista de viajes, reflexionaba, habrías pensado "no gracias". Sonaba a alfombras peludas, cobijas de poliéster, vasos de plástico en el baño; pero esto era muy elegante, decidió: los ramos enormes de flores frescas, gente realmente bonita tomando *espresso*. Notó que casi todas las mujeres iban de blanco y tenían accesorios dorados, así que vestirse no iba a ser un problema. David tenía razón. ¿Por qué ir a un lujoso Hyatt o Sheraton donde te dan batas de baño esponjadas pero un servicio deficiente, cuando por cuarenta por ciento menos puedes conseguir lo que realmente quieres? Él lo había enumerado: vista al mar, televisión con cable, almohadas firmes, el minibar lleno de buenas bebidas (dijo que había preguntado las marcas) y detalles lindos, como dos lavabos. Además, señaló él, aquí no ahorraban dinero en detallitos baratos, como ganchos de alambre y jaboncitos, les había preguntado.

En verdad sabía cómo hacerse cargo de todo, pensó Libby.

—Lo que me gusta de él —le había dicho a su amiga Helena—, es que un tipo que gana unos 116 mil dólares al año se moleste en revisar todo y que gaste su dinero con inteligencia, sabes, y no solamente se lo regale a los agentes de viajes, sin importar lo que cueste, sin hacer preguntas. Brad me dijo que nuestra semana en el Caribe costó mil quinientos dólares y casi todo fue para el hotel de toallas esponjadas con mal servicio. Sin comidas incluidas. Típico de Brad. Por la misma cantidad David consiguió el hotel, más un restaurante de tres estrellas, todo como parte del paquete, más cinco días, cinco días enteros, en una lancha de buceo privada, y además me mandó un ramo de flores cuando conseguí el certificado de buceo.

—¿Y está casado? —preguntó Helena.

—¿Estás loca?

Mientras ella desempacaba, David llamó a su madre en Nueva Jersey y Libby pudo oír la conversación.

—Hola mamá.

—_____.

—Sí, porque no estabas y no dejaste la contestadora prendida.

—_____.

—¿Cómo sigue papá?

—_____.

200

—Va a mejorar, lo sé. Mira, sólo quería ver cómo estaban. Te llamaré en unos días.

—_____.

—Estoy fuera del país, mamá. Estoy de viaje. Te llamo en unos días. Te quiero. A él también.

—_____.

—Está bien, adiós.

David se quedó inmóvil un rato, con el auricular en la mano y un dedo apoyado en el interruptor, como si pensara que debía hacer otra llamada, pero colgó; parecía cansado.

Mientras se vestían para la cena notó que toda la ropa que él había traído era nueva, pantalones nuevos, camisas nuevas.

—¿Te pruebas toda tu ropa? —le preguntó. Cuando ella lo miró sin comprender, dijo—: Mucha gente compra ropa para las vacaciones, pero no se la prueba antes de viajar y luego resulta que no le queda o no combina o tiene algún defecto. ¿Trajiste ropa nueva?

—Bueno, ya tenía casi todo lo que pudiera necesitar...

—O. K., se nota que esto no es nada especial para ti.

—Excepto por el rompevientos Hilfiger que me regalaste y algo de ropa interior.

En cuanto lo dijo se arrepintió. Él se puso de cuclillas y empezó a imitar un gallo aleteando y cacareando, luego a un torero que con la capa incitaba la embestida de un toro.

El restaurante se llamaba Michael's. Él había reservado una mesa junto a una ventana, desde donde se podía ver la puesta de sol. Lo miró con aprobación.

Cuando quiso tomar el menú, él se lo quitó de las manos.

—Yo pediré por ambos —le dijo—. Si no sabes hacerlo… bueno, no sé, quizá tú sí… pero si no sabes qué plato pedir y qué vino pedir en un país extranjero puedes arruinarlo todo. No lo hagamos. Además, en estos sitios tienes que saber cómo leer *a través* del menú para saber qué te están dando, ¿sabes? Tienes que dejar el francés de lado.

Cuando el mesero llegó para tomar la orden, David ordenó ostras para ambos y una botella de *cabernet sauvignon*.

—¿Un *cabernet*, señor?

—Sí.

—Muy bien, señor.

—A mí me trae el pez vela y a ella el mero. ¿Todo es de aquí, no?

—Sí, señor. Lo adquirimos en el muelle hoy mismo.

—Pero en vez de la *rémoulade*, esa cosa de mango y chile, queremos chícharos. Chícharos con zanahorias. ¿Se puede?

—Claro, señor.

—Y con el plato fuerte tomaremos un *chardonnay* californiano. Veamos si tienen un *chalone* —tomó la lista de vinos.

—¿Acaso a *monsieur* le gustaría probar un *riesling* o un *pinot gris* con el pescado?

—Este *chalone* que tienen aquí estará muy bien.

Comieron en silencio. Ésta era la parte más difícil para ella. Se sentía tonta, no sabía qué decir. Pensó en el casete de Bob Marley, pero se le había olvidado escucharlo. Recordó a un tipo que había salido en las noticias hacía tiempo, quizás en Haití, pero no el asunto. ¿Se cultivaba café en San Carlos? Su trabajo. Aburrido. David decía que el lugar donde trabajaba, una clínica psiquiátrica, era interesante porque más y más gente estaba de verdad loca, pero decía que los doctores eran unos perdedores —"asnos", los llamaba— porque no tenían un sitio en la red.

—Tarde o temprano —le dijo—, *toda* la gente y *todas* las cosas van a estar en línea.

—Si quieres hacer dinero —le había aconsejado entonces—, primero examina a fondo tu negocio. En segundo lugar haz mejoras. En todos los niveles. Por ejemplo, en los sitios *web* ya puedes encontrar perfiles psiquiátricos, los he visto. Puedes equiparar esos perfiles con tratamientos estándar, terapias o lo que sea, y hay gente que se podría curar a sí misma, con la información de la red. Te ríes, pero es cierto. Si tienes la información correcta y dedicación puedes hacer lo que sea. Hasta hoy mucha información ha estado en las manos de muy pocos.

Ella le había dicho que creía que ese tipo de tratamiento no funcionaría, pero no quiso discutir más el asunto.

Ahora Libby miraba la puesta de sol y se preguntaba si era el momento en que aparecería el rayo verde.

—¿Estás casado? —le preguntó.

—Casado… ¿bromeas?

Ella quería el sorbete de guayaba como postre pero él ordenó el pay de limón para ambos.

—Lácteos —le advirtió—. Jamás pidas lácteos en el trópico.

Tras la comida se pidió un Courvoisier en la terraza y para ella un *amaretto*.

Pensó que las estrellas eran preciosas. Quería estar acurrucada en sus brazos, pero él casi no se fijaba en ella. Había pedido otro Courvoisier; saludaba con una inclinación de la cabeza a la gente que pasaba, como si todos fueran parte del mismo acuerdo. Cuando pasaba una mujer con grandes senos, la seguía con la mirada hasta que desaparecía.

En el cuarto estaba prohibido fumar, pero él dijo que el incienso no contaba y encendió dos palitos. Ella no estaba tan segura.

—No, no. ¿Nunca te has subido a un taxi con uno de ellos? Todos tienen veinte aromatizantes. Adoran esto. El problema es el tabaco. El problema son los cigarros.

La miró desvestirse de una manera que le incomodó. Se metió al baño para cambiarse. Le estaba empezando a preocupar un poco el sexo. Al inicio había sido formidable, pero luego quiso intentar cosas que, aunque sí sabía de su existencia, le parecían extrañas, incluso si estabas enamorado: quería atarla a la cama y darle nalgadas con una regla escolar, le pedía todo el tiempo que se rasurara el vello púbico. Cuando hacían el amor y él se daba la vuelta y se dormía, ella le decía que eso no era hacer el amor, él decía que sí lo era.

—Me satisfaces tanto —le explicó—, que me quedo dormido profundamente y empiezo a soñar de inmediato.

Cuando salió del baño con su camisón corto, él ya había apagado todas las luces.

Libby tuvo que aprender a bucear para el viaje. Se entrenó diligentemente, asimiló la teoría y las habilidades necesarias: respiración de emergencia con el equipo del compañero, flotación neutral, la limpieza de la máscara. David, que tenía certificación en el nivel de buceador de rescate, había escogido su programa de entrenamiento pero ella iba sola a las clases y los instructores le dijeron que era una de las mejores alumnas que habían tenido. Decían que le envidiaban el viaje a San Carlos, lugar donde pocos habían buceado y que estaba adquiriendo la fama de ser el lugar que había que visitar en el Caribe Oriental.

Después del desayuno, después de que hubieran bajado con todo su equipo al muelle, David se percató de que había olvidado su arete de oro en el cuarto. Le pidió que fuera a buscarlo. Era obsesivo con sus aretes, ella lo sabía. Alguna vez había tratado de explicarle en qué ocasiones debía usar cada uno, el de plata con una rosa diminuta, el de turquesa, el que tenía el diamante del anillo de compromiso de su abuela y el sencillo de oro. Decía que no podía bucear sin el arete de oro, pero ella no entendía bien por qué. Era como aquella vez que le quiso explicar por qué cierto jugador de béisbol tenía que comer cierta combinación de pollo Kentucky exactamente dos horas antes de cada juego.

Cuando regresó con el arete David discutía con el dueño de la embarcación. Era una lancha abierta de seis metros de largo, una Boston Whaler con dos motores de apariencia flamante y ocho tanques de buceo colocados como botellas de vino en un armazón de madera. David estaba recargado en el tablero con sus gafas color limón. Libby notó que estaba sacando el pecho más de lo normal.

—Seguramente conoces lugares donde nadie ha estado. Digo, ése es el chiste, ¿no?, con una lancha privada.

—Todo va a estar bien, míster. Va a estar bien. Les va a gustar.

Ella se sintió inmediatamente atraída por el esbelto cuerpo del lanchero; era como una jacaranda en flor. Jamás había visto una piel más negra, un torso más liso y musculoso. Cada músculo, cada ligamento, se veía finamente delineado bajo la piel tersa. Sus labios eran gruesos, las venas de sus manos marcadas, sus hombros anchos. Salvo por un diente que le faltaba, por sus uñas rotas y descoloridas y sus callosos pies, era el hombre más bello que había visto. Ojalá fuera simpático y le hiciera pasar un mal rato a David.

—Bueno, Esteban —dijo David cuando se alistaban para salir—, veamos cómo están las cosas. Nos tienes que llevar por lo menos a un par de sitios donde nadie haya buceado todavía. ¿Estamos? Tengo que poder decir que fuimos los primeros en bucear en dos o tres de esos sitios, ¿me entiendes? —David sacó un billete de cincuenta del sobre con cinco mil dólares. Se lo mostró diciendo—: ¿Me entiendes, Esteban? ¿De acuerdo?

A ella le avergonzó su imitación de De Niro

—O. K., míster —dijo Esteban—. Los llevaré a unos sitios, sólo que yo elijo, porque algunos lugares, pues no son buenos, ¿sabes?

—Sí, entiendo. Las corrientes.

—No se trata de las corrientes, amigo.

—Ooh, olvídalo, Esteban, y larguémonos de aquí.

Su imitación de Kevin Costner, pensó Libby cuando David giró alrededor del tablero y con los brazos cruzados se quedó mirando la salida de la bahía.

—¿Por qué le enseñaste todo el dinero? —susurró ella un poco después— ¿No crees que fue un poco arriesgado dejárselo ver? ¿Con gente alrededor?

—Lo que ha visto ahora es que tiene la posibilidad de sacar una buena propina si nos lleva a bucear en buenos sitios. El dinero está completamente seguro. Él sólo es un perro del hotel. ¿Crees que intentaría algo?

La lancha salió perezosa de la pequeña bahía y tomó el canal entre San Carlos e Itesea, hacia el sur. Cuando Esteban aceleró, la lancha despegó y empezó a quebrar la lisa superficie a veinticuatro nudos, en dirección sureste y hacia un área que Esteban decía que se llamaba Los Pachucos a causa de los tiburones. El sol matinal iluminaba el azul oscuro de las hondas aguas del canal, luego un azul turquesa más claro cuando la lancha entró en aguas menos profundas. Con sus lentes polarizados Libby podía ver los corales brillar fugazmente bajo la lancha, los bancos de peces que súbitamente se desperdigaban. David se acercó para tranquilizarla, diciéndole que los tiburones no serían un peligro.

Esteban desaceleró y puso la marcha en neutral, pero no dejó caer el ancla. Dijo que las anclas dañaban los corales. En vez de hacer eso, seguiría las burbujas de sus tanques; lo que tenían que recordar antes que nada era que debían emerger a cierta distancia de la lancha, a un costado y jamás cerca de los motores. Eso era muy importante.

Mientras se ponían el equipo de buceo, ella le preguntó a Esteban sobre la otra isla, Itesea.

—Es una zona militar, señorita. Uno no se acerca. No vamos a ir allá, es lo que le estoy diciendo a su novio. Hay muchos buenos lugares donde bucear, pero no allá.

Zambullirse en el agua la llenó de euforia; sentir el fluir poderoso y efervescente de su cuerpo, la ingravidez de los astronautas. Estaba tan feliz de entrar en ese mundo transparente que alzó los cinco dedos de una mano y buscó la de David. Cuando las palmas de ambos chocaron torpemente, tuvo la sensación de que podría haber hecho todo esto sola, que no lo necesitaba. Los listones fluidos y coloridos de los peces cromo, los peces roncos y los robalos, las enormes mantarrayas que se alzaban lenta y majestuosamente desde la arena del fondo en donde yacían camufladas, la manera en que los retoños brillaban como botones de flores en las cabezas de coral, todo la llenó de liviano bienestar, y le hizo sentir que había elegido al hombre que le convenía. Recordó que Brad ni siquiera había pensado en que se certificaran como buceadores; además, para empezar, había sido demasiado tacaño como para pagar las clases que daban en el hotel. Él sólo quería surfear.

Fueron a bucear a otro sitio en Los Pachucos y luego almorzaron. A ella le desilusionó que Esteban no tuviera una guía fotográfica de las especies marinas.

—Cualquier pez que me enseñes, lo conozco —rió él—. Pero la gente no se los come. Hay que comer, ¿sabes? —esperó su reacción. Hizo un gesto con el mentón y le guiñó el ojo—. Mañana te traigo la guía —le dijo.

David emergió de su segunda inmersión con dos caracolas. Tenía la intención de llevarlas al hotel para que alguien se las preparara para la cena, pero Esteban lo obligó a echarlas al agua.

—Es ilegal, míster. No te puedes llevar eso al hotel. Échalas al agua.

—¿No tienes algún amigo —dijo David, retador— que sepa cómo prepararlas? No tenemos que llevarlas al hotel, tú te las puedes quedar y luego nosotros vamos a comerlas, tal vez en tu casa. Sería una buena anécdota, ¿me entiendes?

—Échalas al mar, míster. Échalas.

—No eres un tipo que quiera avanzar en la vida, Esteban —rezongó David. Dejó deslizar las caracolas sobre la borda. Se hundieron rápidamente en el agua, meciéndose como hojas cayendo de un árbol—. Pero te encuentro simpático —le lanzó a Esteban su sonrisa de De Niro.

El almuerzo consistió en bacalao salado, en panecillos rancios y papitas orgánicas, un plátano para cada uno y refrescos cremosos Blue Sky. David miró a Libby con una mueca, como diciendo, alguna falla es inevitable. Aun así, ella no lo podía creer. ¿Bacalao?

Mientras digerían la comida, ella y David se tendieron en camastros y se tomaron de la mano. Tuvo que retirarle la otra mano varias veces, puesto que Esteban estaba allí. David se levantó y fue a buscar la biografía de Robert Moses que tenía en la bolsa del equipo y leyó las últimas veinte páginas.

—¿Un toque, Esteban?

—Hoy no.

—Eres buena onda, Esteban, ¿sabes? —inhaló el

humo y miró el agua—. Buena onda lo de las caracolas y también lo de no fumar si navegas. Pero, ¿sabes?, te voy a decir algo, necesitas avanzar, ¿me entiendes?, progresar. ¿La lancha es tuya?

—Es mi lancha.

—¿Nunca se te ha ocurrido ser propietario de dos o tres lanchas? Hacer que algunos de tus amigos trabajen para ti, ir tú mismo a Estados Unidos para conseguir clientes, sin el hotel. ¿Has oído hablar de la red? Podrías conseguirte un sitio *web*. Yo te puedo ayudar. Puedes ganar un montón.

—Estoy bien como estoy. La lancha está toda pagada. Estoy bien.

—Pues uno tiene que estar mejor, Esteban, ¿si no para qué estamos aquí? ¿O no?

—Pues lo voy a pensar.

Siguieron navegando lentamente, viendo a los pelícanos blancos deslizarse al ras del agua y los corales dibujarse temblorosamente bajo las quebradas láminas de luz de la superficie.

—Esta lancha era de mi papá —empezó a decir Esteban—. Él pescaba en todas estas bonitas aguas que ven y las de mar adentro, muy adentro. Sacaba pez espada y mero. Ya no hay. Sólo quedan los chiquitos. Era pescador, ¿ves?, yo soy buzo. Así que sí hemos estado haciendo cambios, míster, la estamos haciendo. Evolucionando.

Esteban volvió a extender su mirada sobre la popa. Advirtió en el horizonte del noroeste el brillo de una lancha que corría a toda velocidad en dirección de Itesea. Meneó la cabeza con asco, hizo una mueca. La lancha siguió avanzando lentamente.

—Esto parece bueno, Esteban. Vamos a parar aquí —dijo David.

—Seguimos un poco. Será mejor. Estamos llegando a un lugar llamado la Zanja de Bacalao.

Esteban miró nuevamente sobre el mar, buscando la lancha. La vio despegarse del horizonte y venir hacia ellos. Esteban hizo girar totalmente su embarcación hacia el norte, y aceleró los motores a fondo. Cuando su lancha volvió a nivelarse, Libby se enderezó y miró alrededor. David se agarró con fuerza del tablero del timón.

—¿Qué haces?

—Tomo precauciones. Ves esa lancha. Es lo que digo. Aquí ya nunca se sabe.

La lancha avanzaba directamente hacia ellos con la evidente intención de interceptarlos. Esteban podía ver que era rápida, una Cigarette.

—Quizá sean militares —dijo—. Todo cambia y cambia.

Podían ver sobre la popa la costa de San Carlos que iba creciendo en el horizonte y podían oír los golpes de la quilla en las brillantes aguas.

—Nos va a salvar tu dinero, míster.

David mantenía sus ojos fijos en la otra lancha, que ya estaba muy cerca de alcanzarlos. No dijo nada.

—Pon el dinero que traes en el bolsillo de tu chaleco de buceo, pero deja un poco en el sobre, porque si hay que darles dinero van a quererlo todo.

—De acuerdo.

David dividió el dinero. Puso 4 500 en su chaleco y dejó 500 en el sobre.

—¿Qué sucede? —preguntó Libby mientras se ponía una falda de lino, tratando de mantener el equilibrio en la oscilante cubierta.

—Militares, creo —dijo David—. Tal vez nos acercamos demasiado a Itesea, y puede ser que estén molestos. Quizá tengamos que darles dinero para que nos dejen en paz.

La lancha los alcanzó como una barracuda, luego rugió a un costado de ellos. El tipo que la conducía le indicó a Esteban con un gesto que apagara el motor. Por la mente de Esteban cruzó la idea de seguir hasta que salieran a relucir las armas. Desaceleró, y entonces la lancha más grande (el doble de tamaño que la suya), con un suave ruido del escape, quedó meciéndose en su propia estela junto a la ballenera. Tenía una cabina baja hacia la popa, una larga y fina quilla blanca: ninguna insignia. Un hombre descalzo al timón, tenía rastas y lentes oscuros, vestía un sucio pantalón azul pálido. Otros dos hombres lo examinaban desde la barandilla, uno de ellos usaba cuatro relojes, dos en cada mano.

—Éstos no son militares —dijo Esteban.

Un hombre sin camisa con shorts de algodón alzó una Glock 9 mm y roció a Esteban. La primera bala atravesó el tríceps de su brazo izquierdo, la segunda, tercera, cuarta y quinta fallaron, la sexta penetró su bazo, la séptima y la octava tampoco dieron en el blanco y la novena pegó en el tablero, produciendo chispas, la décima atravesó su palma derecha, las siguientes cuatro se perdieron en el aire, la decimoquinta arrancó su oreja izquierda, la decimosexta rebotó en su sexta vértebra cervical y atravesó su corazón, emergió en el abdomen y se alojó en un pie.

La decimoséptima, decimoctava y decimonovena cayeron en el agua.

David vio a Esteban estremecerse como una jarra que hacía implosión.

El hombre del timón dejó caer sobre la borda unas defensas blanca y con un rugido del motor juntó los barcos. Los otros dos hombres las jalaron con ganchos, juntaron los botes cuidadosamente y los ataron. Entonces ambos saltaron a su lancha. David alzó las manos como para decir que no habría problema alguno, tomen lo que quieran. El primer hombre que llegó frente a él parecía descoordinado, como si estuviera borracho, pero el primer puñetazo le destrozó la nariz a David y la lluvia de golpes lo hizo caer de espaldas sobre una silla; cuando cayó en la cubierta el hombre le dio varios golpes en la cabeza con un regulador de oxígeno.

El otro hombre, que tenía un tatuaje de alambre de púas que rodeaba su torso, vaciaba las bolsas del equipo de buceo. Le lanzó la cajita con la marihuana al timonel de la lancha grande. Encontró el sobre, arrancó los billetes y se los metió en el traje de baño. Libby estaba en la popa, lloraba con las manos en la boca. El timonel la miraba, pero ella no podía ver sus ojos. De vez en cuando aceleraba ligeramente a fin de mantener las lanchas firmes sobre las aguas ondulantes.

El hombre con el tatuaje seguía vaciando furiosamente los diversos bolsillos de las bolsas de buceo. El otro le arrancó a David su Rolex Submariner de oro y le dio una patada para que se quedara quieto mientras se ajustaba el reloj. El hombre con traje de baño abrió las compuertas del tablero de mando, vació la gaveta de la comida y abrió las escotillas, revisando todo has-

213

ta que nada quedara sin abrir. Miró al compañero en la lancha grande, esperando instrucciones. Sus ojos estaban llenos de minúsculas venas rojas. El hombre en la lancha grande se encogió de hombros, como para dar a entender que no había valido la pena.

—¿Hay más dinero, preciosa? —le preguntó a la mujer.

Libby corrió al chaleco de buceo de David, despegó el velcro y le extendió los 4 500 dólares.

—Bien, muy bien —dijo el hombre en la lancha grande—. Vámonos —gritó a los otros dos—. Mátenlos.

—No, no, no —murmuró Libby.

El hombre con el tatuaje le dio un puñetazo en el cuello y la derribó sobre los motores, entonces le agarró la cabeza y la estrelló contra la borda varias veces hasta que quedó inconsciente. La tiró sobre el respaldo de una silla y la violó. Le tomó mucho tiempo y en medio de la tarea encendió un cigarrillo. El hombre de los relojes ató a David con hilo de pesca y lo estranguló mientras lo violaba.

Cuando terminaron, el hombre en el otro barco grande echó en la cubierta de la lancha ballenera tres pares de bloques de concreto con alambres. Los otros ataron los pies de los tres cuerpos a los alambres, los rodaron sobre la borda y echaron los bloques al agua. Amarraron las bolsas de buceo bien cerradas, con sus pertenencias adentro, a los dos blancos. Extendieron los tanques y el resto del equipo de buceo al timonel, que ayudó al hombre del tatuaje a abordar y luego desataron las lanchas.

El hombre de los relojes limpió la lancha con los cepillos de cubierta de Esteban, lavó la sangre con agua y luego la barrió al pozo de los motores. Entonces subió la palanca del acelerador, hizo girar la lancha en un arco y salió tras la otra lancha. El agua en el pozo de las máquinas salió por los vertederos y la lancha de Esteban se niveló, siguiendo a la otra lancha en dirección de Itesea.

Unas cuantas millas hacia el este un hombre pescaba meros. Sólo había sacado dos entre los arrecifes desde la salida del sol, no es un muy buen día, pero te pagan bien en el muelle, pensó, y cualquier cosa que pescara siempre se la compraban. Cómo le gustaba eso, llegar con su pescado al finalizar el día. A los huéspedes del hotel les encantaban los Dockers recortados que su esposa le había arreglado y su camiseta J. Crew o la otra camiseta con el labrador negro. Les encantaban sus pescados y su acento. Les encantaba ver cómo reía. Sólo tenía que pescar algunos peces más, se dijo, unos cuantos más y todo estaría bien.

Alzó ante sus ojos el anzuelo cebado. Su padre le había enseñado a hacer esos minúsculos cortes en el fuste del anzuelo y ahora los miraba fijamente, diciendo:

—Haz tu trabajo.

Lanzó el anzuelo al agua y sintió el hilo correr bajo su pulgar.

Traducción de Mariano Sánchez Ventura

ACAPULCO

Luiz Schwarcz

Era una foto sin importancia en el álbum de mi abuela. Antes de llegar a ella siempre mirábamos las de su
boda, su luna de miel en un balneario de aguas terma-
les, los recién casados en sus largos y ceñidos trajes de
baño, sonriendo para la cámara. A mi abuela también
le gustaba volver a la página donde se encontraban
uno de cada lado; mi abuelo esquiando, mostrando su
perfil simultáneamente al fotógrafo y a la ciudad distante y ella, linda, inclinando la cabeza, envuelta en
una estola de visón hacia la foto de mi abuelo. En esas
fotos parecían recordar el futuro, el momento en que
serían vistos en un álbum cada vez que yo llegara de
visita.

Hubieran pasado por Fred Astaire y Ginger Rogers
si mi abuela se hubiera teñido el cabello y si mi abuelo
se hubiera puesto a dieta. Así habría sido más fácil
para ellos escapar de Yugoslavia, tan sólo diciendo:
"Somos Ginger y Fred", y bailarían juntando los ca-
chetes, ella con un vestido de plumas blancas, él con
sombrero de copa y frac, en torno a los guardias alemanes, que pedirían disculpas quitándose el casco o,
¿quién sabe?, quizá por fuerza del hábito se pondrían
en firmes y saludarían a los actores famosos, cuya na-
cionalidad olvidarían o fingirían olvidar.

Pasar las hojas del álbum era el pasatiempo favorito de mi abuela cuando, ya mayorcito, pasaba horas con ella en el departamento donde vivía con una enfermera. Supongo que luego, después de acompañarme hasta la puerta, mi abuela se sentaba con la asistente y le mostraba las mismas imágenes que habíamos visto durante nuestras largas sesiones.

Tras las fotos de la pareja había una secuencia de retratos de mi madre: primero en un carrito de bebé, protegida del invierno europeo, casi perdida tras los guantes, los chales y el gorro de gruesa lana; luego, una profusión de fotos de su adolescencia ya en Brasil. Su vestido para el baile de debutantes, de falda abombada y encajes en las mangas y en el escote, desentonaba con el clima tropical. Si no conociera la historia de mi familia habría jurado que ese baile había sucedido en Italia, donde mis abuelos y mi madre se refugiaron durante muchos años antes del final de la segunda Guerra. Hay pocas fotos de la boda de mis padres en una sinagoga de São Paulo que ya no existe. La entrada del novio, de traje y sombrero negros; el rabino, en primer plano, con algunos familiares, esperando la llegada de la novia; mi madre que sonríe para las amigas mientras camina al altar y luego que tira el ramo sobre la espalda sin mirar atrás.

Es allí donde empiezan mis fotos, las del primer hijo y nieto de una pequeña familia, un niño alegre, todo mejillas y sonrisas. La brillantina fue inseparable de los años iniciales de mi vida, al igual que los pantalones cortos y las botas ortopédicas. Estos elementos siempre están a la vista, ligados con la infalible sonrisa, ya sea que estuviera en un carrito de bebé, en un sofá abrazando una bandolina o en el estudio de un fotógrafo profesional posando con ropa de marinero.

Hasta llegar a aquella foto, esta parte del álbum parece una serie de variaciones sobre el mismo tema que revela cómo todas las atenciones se concentraron en mí. Después que nací pasó mucho tiempo para que mis abuelos y mis padres volvieran a vestir traje de baño o ropa de fiesta, aunque quizá no se dejaron retratar en situaciones fuera de lo cotidiano. Decidieron fotografiar solamente al nieto, tal vez mientras discutían quién tomaría la cámara, quién pediría una sonrisa al niño: "Mírame, di *whisky*".

No sé por qué me detenía siempre en aquella pequeña foto, siempre con el mismo pretexto: "Abuelita, su nieto tiene hambre", lo cual infaliblemente hacía que ella se levantara, corriera hasta la cocina y volviera con mis golosinas predilectas, unos pastelillos que guardaba en una lata redonda y florida. La fotografía era clásica, hay una similar en cualquier álbum familiar: la mesa de la fiesta de cumpleaños, el pastel de chocolate en el centro, los amigos alrededor, todos mirando las velitas momentos antes de que sople. Lo que la hacía diferente es que además de llevar traje y corbata para la conmemoración de mis nueve años, tenía en la cabeza un sombrero mexicano de ala ancha que no me permitía mirar simultáneamente el pastel y la cámara, como hacen todos los niños en su fiesta de cumpleaños. Además, mi sonrisa no era la misma que en los retratos anteriores.

Tal vez aquéllas fueron las vacaciones más largas que pasé con mis abuelos. Fue obvio desde que salimos de casa que durarían mucho. Mi madre no se despegaba de mí y mi padre, irritado, tiraba de ella para que el trayecto no pareciera diferente al de un domingo cualquiera. Yo estaba acostumbrado a pasar los fines de semana con mis abuelos cuando mis padres debían acudir a algún evento social. Íbamos al parque, donde mi abuelo se esforzaba por jugar fútbol conmigo; intentaba disfrazar risiblemente su total desconocimiento de las partes del cuerpo que hay que combinar a fin de chutar el balón, burlar al contrario o detener un gol. Luego con la abuela íbamos a lanzar pedacitos de pan a los menudos peces del lago cada vez más turbio de la entrada, hasta que decidiera que debíamos regresar a casa para tomar el almuerzo de siempre: pequeñas albóndigas de carne, típicas de Yugoslavia, acompañadas de arroz con col y ensalada de berenjena. Para alentarme a comer más, mi abuelo ponía sus manos a danzar: silbando la suite del Cascanueces, apuntaba la albondiguita insertada en el tenedor en dirección de mi boca como si fuera un títere y decía: "La albóndiga baila, baila, baila".

Durante la tarde mi abuelo me enseñaba a jugar ajedrez o íbamos a su fábrica de tarjetas en el centro de la ciudad, donde le encantaba pasar ratos a solas. Sentía placer al levantar la pesada cortina de metal, cerrada con un candado dorado, como el cofre de un tesoro. Entraba en la desierta imprenta, en la bodega y en su oficina y se aseguraba de que todo estuviera en su sitio, tal como lo había dejado la noche del viernes. De las altas pilas junto a las imprentas tomaba algunas hojas y examinaba las tarjetas del Día de las Madres, las de algún aniversario, los santitos, las calcomanías con motivos patrióticos. Invariablemente decía: "Pequeño, un día esto será tuyo". Yo me preguntaba con perplejidad si mi abuelo un día me iba a dar todas aquellas tarjetas o si se refería a la nave silenciosa, apenas iluminada, donde su voz hacía eco: "Será tuyo, será tuyo…". De regreso a casa íbamos a comprar sellos que él decía coleccionar para mí. Mi noción del futuro estaba ligada con la imprenta, que estaba frente a la plaza Princesa Isabel, y con los sellos de la Plaza de la República; un futuro lleno de propiedades virtuales y un gusto precoz por la responsabilidad que yo no tenía con quiÉn compartir.

Pero aquella vez fue diferente. Al llegar a casa de mis abuelos, advertí enseguida una maleta abierta sobre el sofá cama del estudio de mi abuelo, llena de suficientes prendas mías para un mes. Mi padre ya no intentaba disimular nada y aunque ninguno me había dado la noticia concretamente, mi madre me decía entre sollozos: "Va a pasar rápido, hijito, te lo prometo" y nuevamente volvía a llorar. Creo que entendí lo que pasaba incluso antes de que mi papá se arrodillara para mirarme de cerca, pusiera sus manos en mis hombros y me hablara sobre las vacaciones con las que siempre habían soñado, sobre Europa, adonde jamás habían podido regresar, los Estados Unidos, donde nunca habían estado, y Acapulco, el lugar que él más deseaba visitar y donde estaba La Quebrada, una altísima peña desde cuya cima saltaban al mar los nadadores locales.

¿Saltaría Johnny de La Quebrada? Al fin y al cabo, desde los quince años le habían llamado *el Hidroplano*

Humano, Príncipe de las Olas, Pez Volador, Maravilla Acuática, Rey de los Nadadores y sobre todo *el Mejor Nadador de toda América.* Aun así, para representar en la Olimpiada de 1924 a los Estados Unidos, país que tantos apodos le dio, el huérfano que maravilló a toda América, aunque llegó como emigrante húngaro cuando todavía estaba en pañales, tuvo que utilizar los papeles de su hermano Peter. En esa Olimpiada ganó la medalla por los cien metros planos —que nadó por primera vez en la historia en un minuto y un segundo—, la medalla por los cuatrocientos metros y la medalla por los ochocientos metros en equipo.

Además le dieron innumerables apodos en las siguientes olimpiadas, en los shows acuáticos, en los hoteles, en los desfiles de trajes de baño, hasta que sus atributos físicos, su personalidad ingenua y su falta de experiencia como actor le ganaron el papel que acabó de una vez por todas con los múltiples apodos y le dio una nueva y definitiva identidad. Desde el momento en que un ejecutivo de MGM lo vio exhibirse en la piscina del hotel donde se hospedaba, se convirtió en Tarzán solamente, Tarzán, el Rey de la Selva.

Puesto que sólo había pasado los fines de semana en casa de los abuelos y siempre me levantaba de la cama tarde, cuando ellos ya estaban vestidos, jamás había presenciado lo que vi al despertar la primera mañana, después de una noche en que me fue difícil caer dormido, pues no dejaba de pensar en el avión que llevaba a mis papás a Europa. ¿Cómo había podido elevarse en el aire esa bestia de metal? ¿Dormirían los pasajeros en camas con grandes almohadas, como las que usaba mi papá? ¿Se ponían su pijama o les daban una nueva con la marca de la compañía de aviación bordada en el bolsillo del pecho?

Ese lunes, todavía medio somnoliento, incluso después de haberme cepillado los dientes, fui a la recámara de mis abuelos; vi que él se estaba metiendo la playera blanca de algodón bajo sus calzones matapasiones, tambíen blancos, que parecían recién planchados; vi a mi abuela sentada en su tocador con una bata de seda azul, cepillándose el cabello que para mi sorpresa le llegaba a la cintura. Delante de aquel mueble de madera clara lleno de espejos, inclinaba la cabeza levemente hacia cada lado y los hilos negros y lisos llegaban al suelo. Anteriormente sólo la había visto peinada con un alto moño que jamás habría imaginado que escondiera tal cantidad de pelo. Ahora mi abuela parecía una niña, como las niñas de uniforme con falda plisada que observaba cuando salían del colegio de monjas que se encontraba frente al mío.

Tal vez porque mi manera de mirarla le causaba celos, mi abuelo, ahora con sus largos calcetines negros subidos hasta las rodillas, pasó junto a mí, infló el pecho y arqueando ambos brazos con los puños en la cintura, hizo la pose de un luchador de lucha libre antes del combate o de un nadador que se exhibe para la cámara y para intimidar a los competidores antes de zambullirse.

Pronto salí para ir al colegio. Llevaba esas imágenes en la cabeza y me fue difícil concentrarme durante las clases. Mi abuela con sus largos cabellos y mi abuelo, el antiatleta de calzones blancos y calcetines negros, eran más atrayentes que las ecuaciones de primer grado o los verbos irregulares cuya conjugación tenía que memorizar.

Ya como Tarzán, John Weissmuller cambió los trajes de baño de dos piezas que usaba para competir y para posar como modelo por un rústico calzoncillo anudado a ambos lados de la cintura. Weissmuller y Maureen O'Sullivan, contratada para hacer el papel de Jane, la muchacha inglesa que se enamora del hombre mono y decide vivir en la selva con él, acabaron por convertirse en símbolos sexuales y lo fueron durante muchos años. Los vestidos ajustados y cortos usados sin sostén por la actriz llegaron a crear reacciones airadas por parte de las ligas de la decencia de los Estados Unidos, dirigidas por señoras que se indignaron aún más cuando Jane nadó desnuda en la segunda película de la serie y besó a Tarzán debajo del agua, escena que fue censurada en varios estados de ese país. Son dos minutos de un osado ballet acuático, donde Jane —que en esa escena era doblada por una campeona olímpica— y Tarzán nadan en el río tras una noche de amor en su guarida, construida entre las ramas de los árboles. Aunque la escena se exhibió en algunos lugares, al final fue definitivamente cortada y sólo más de cuarenta años después, en la versión en video de *Tarzan and his Mate,* fue posible ver de nuevo el ballet desnudo de Jane. Igualmente, la MGM cedió a las presiones y en las cintas siguientes cambió el bikini de Maureen por un vestido de discreto escote, aunque también corto. La idea de una muchacha de buena posición que abandona la civilización, seducida por un hombre que prácticamente sólo decía "Umgawa, Umgawa" y que comandaba a los chimpancés y a los elefantes, sedujo al público y a la crítica. La serie de Tarzán se convirtió en un inmenso éxito de taquilla desde la primera película de la pareja en 1932.

Al ver el éxito que la pareja Tarzán-Jane tenía entre el público femenino, la MGM le ofreció diez mil dólares a Bobbe Arnst, la primera esposa de Weissmuller, si le pedía el divorcio a éste, ya que un Tarzán soltero en la vida real agradaría a la imaginación de las fans y aumentaría la facturación de las películas. Johnnie y Bobbe aceptaron la propuesta sin problemas.

Desde el momento en que Tarzán captura a Jane, que estaba acompañando a su padre en una expedición, ambos se comunican casi exclusivamente mediante un lenguaje corporal; en los pocos parlamentos del filme, Weissmuller, batiéndose el pecho, dice "Tarzán" y, señalando a Maureen, dice "Jane". Johnny mantenía la identidad del personaje en los intervalos de las tomas de la filmación y a veces asustaba a la actriz con juegos rudos. Sabiendo que ella sufría de vértigo, en cierta ocasión zarandeó las ramas del árbol en el que aguardaban el inicio de la siguiente toma, y ante los berridos de su compañera, la agarró de improvisó: "Me Tarzan, you Jane". Esta famosa frase, igual que "Play it again, Sam", que jamás pronunció Humphrey Bogart en *Casablanca*, sólo se oyó en aquella ocasión, nunca en los cines.

Como actor, Weissmuller hizo poco o nada más que eso. Nadó mucho, cabalgó elefantes y rinocerontes, combatió feroces animales domesticados y cocodrilos mecánicos. Al principio no tuvo que memorizar grandes diálogos, después se especializó en cometer los errores gramaticales que tipificarían sus diecisiete años y doce películas como Rey de la Selva.

La vida con mis abuelos difería muy poco de mi habitual rutina. Tras las clases y las tareas tenía más libertad y más compañía. Podía ver la televisión, lo que en casa sólo se me permitía los fines de semana; con frecuencia salía a pasear con mi abuela o iba a la imprenta de mi abuelo. En estas ocasiones pasaba un buen rato jugando con los mandaderos, a quienes entre faenas se les permitía jugar conmigo una cascarita de futbol con bola de trapo en la plaza frente a la imprenta, o me ponía a trabajar en una máquina de dorado de santitos y no me daba cuenta del paso de las horas; veía fascinado cómo Antonio, Benito, Juan y Pedro adquirían gracias a mí una aureola dorada y brillante, convirtiéndose así en santitos. Jamás se me ocurrió preguntarle a mi abuelo por qué vendía aquellos santitos, si para él sólo existía un Dios, sin aureola y sin rostro identificable. Tal vez anticipándose a mi pregunta, siempre me mostraba, incluso fuera de época, las tarjetas con purpurina azul esparcida sobre la estrella de David que él fabricaba para la conmemoración del año nuevo judío.

Cuando iba de compras con mi abuela, ella aprovechaba la ocasión para mimarme: en el camino de regreso se detenía en un bazar cerca de la casa, donde siempre había algún nuevo jueguito de futbol o algunos cochecitos Matchbox en miniatura. Yo insistía en ayudarla con las bolsas de verduras o abarrotes, juzgando que así justificaba los regalos que me hacían sentir a la vez incómodo y alegre.

Un día mi abuela se demoró en el fondo del bazar, de donde salió sonriente con un disco en la mano. Me dijo que me iba a dar una sorpresa; caminaba a ritmo apresurado tirando de mí con la mano que no cargaba la bolsa con la mantequilla y los panes del desayuno. Apenas alcancé a ver la foto de la portada: cuatro muchachos con flequillo que miraban azorados a las miles de fans que los acosaban. Al llegar a casa puso el LP en el tocadiscos y me habló de los chicos de Liverpool, el grupo de mayor éxito del momento. Mientras cantaban *"This happened once before, I came to your door, no replyyyy…"*, mi abuela me habló de los Beatles como si hubieran sido sus compañeros de clase o como si hubiese bailado con ellos en el baile sabatino del club judío.

Mi abuelo llegó del trabajo cuando escuchábamos fascinados: *"…gotta be rock 'n' roll music if you wanna dance with me…"*. Se detuvo e inclinó la cabeza para asimilar aquello, para él visiblemente desconocido; tras unos momentos se quitó el saco y la corbata, se arremangó las mangas de la camisa, me pidió que pusiera el disco desde el principio y sacó a mi abuela a bailar. Posteriormente supe que aquella curiosa coreografía, en que ambas manos se cruzaban diagonalmente sobre las rodillas, tenía el nombre de charlestón: era su baile favorito y nada tenía que ver con las guitarras, la batería y menos aún con ese refrán de la canción de los Beatles. En la melodía siguiente fue mayor la discrepancia entre el ritmo de la canción y el baile de mis abuelos, pero lo que más risa me daba era su alegría mientras zapateaban hacia los lados, con movimientos circulares, y fingían atrapar en el aire un bastón y alzaban los ojos al cielo cuando los Beatles cantaban: *"But tomorrow may rain, so I'll follow the sun..."*

John Weissmuller fue uno de los primeros ídolos pop del siglo XX, un ídolo pop antes de tiempo. Era conocido en todas partes: su porte y su belleza física atraían a las mujeres, lo confundían con su personaje. Acostumbraba repetir para los entrevistadores, incluso cuando no se lo pedían, el célebre grito que daba Tarzán para avisar a Jane y a los animales que él iba en camino y principalmente para pedir auxilio en situaciones de peligro. Este grito que generalmente antecedía a su entrada en escena, mientras se columpiaba y hacía acrobacias en las lianas, generó muchas controversias. Johnny decía que esa voz era la suya y que había creado el grito de niño cuando conoció las antiguas versiones de la historia del hombre mono, sin imaginar que él mismo se transformaría en el más famoso Tarzán de todos los tiempos. En las siete primeras películas mudas que precedían a la era de Weissmuller apenas se podía imaginar el grito que Tarzán emitía cuando hinchaba el pecho. En la octava, parcialmente sonora, todavía no había diálogos pero los espectadores asistieron a *Tarzan the Tiger* con banda sonora y por primera vez oyeron gritar a Tarzán.

Otras versiones aseguran que el grito había sido creado en el estudio, con la voz de un desconocido grabada dos veces, al derecho y al revés. Sin embargo, los técnicos de sonido que participaron en las filmaciones de *Tarzan the Ape Man* han afirmado que el grito de Weissmuller en realidad era la mezcla de una voz masculina con la de dos sopranos y también con

227

los sonidos producidos por una hiena, un camello, un violín y un piano. Lo que se sabe sin duda alguna es que cuando las películas de Tarzán emigraron de los estudios de la MGM a los de la RKO, la voz que efectivamente se utilizó fue la del actor. Si en las primeras cintas la voz no era suya, Johnny aprendió a imitarla perfectamente. Hacia el fin de su vida Weissmuller sufrió continuos derrames cerebrales y pasó por diversos hospitales y sanatorios, adonde al parecer asustaba a las viejitas a cada rato, gritando "aaaeeeooooeeeaaa".

El grito de Tarzán se convirtió en un símbolo popular. Al final de su carrera, Johnny fue a un programa de televisión, *You Bet Your Life*, que conducía Groucho Marx. Allí tuvo que responder a la pregunta de cuáles eran las mayores ciudades de diversos países. Si acertaba cinco respuestas, ganaría mil dólares. Erró al decir que Río de Janeiro era la mayor ciudad del Brasil, pero el presentador le hizo gritar dos veces como su personaje. Anteriormente, el mismo Groucho Marx lo había imitado en una escena desternillante: corriendo de camarote en camarote, en la escena final de *A Night at the Opera*, el cómico berreaba como Tarzán.

Gracias a su grito, Johnny también pudo salir ileso de situaciones peligrosas, como la que vivió en Cuba, muchos años después de haber hecho las películas. En los últimos días de la Revolución, mientras jugaba golf en un hotel de La Habana, el campo fue invadido por seguidores de Fidel Castro, poco dispuestos a cualquier tipo de complacencia hacia turistas estadunidenses. Cuando llegaron para apresarlo, Weissmuller alzó los brazos y dijo: "Soy Tarzán, amigo". Entonces se golpeó el pecho con los puños y dio el grito. Los revolucionarios se disculparon de inmediato y mientras le daban palmaditas en la espalda repitieron: "Tarzán amigo, Tarzán amigo".

A pesar de no haber combatido para los Estados Unidos en la segunda Guerra, John Weissmuller fue condecorado como héroe nacional por haber visitado campamentos de soldados y sobre todo por haber enfrentado y vencido valientemente a los nazis que habían invadido la selva en *Tarzan Triumphs*. Una escena de esa película, exhibida en 1943, despertó el fervor patriótico de los norteamericanos. Al ver que los alemanes habían secuestrado a su hijo, Boy, Tarzán aprieta los dientes y empuñando su daga declara: *"Now Tarzan make war"*.

Mi papá quería ir a Acapulco, mi mamá, regresar a Europa. Por eso el viaje comenzó en Italia, país donde ambos habían vivido en épocas diferentes como sobrevivientes de la persecución de judíos, antes de emigrar a Brasil, en donde se conocieron.

De Roma llegó la primera tarjeta postal; mi abuelo la trajo a la hora del almuerzo. Emocionado, no percibí la expresión ambigua en su rostro cuando me entregó aquella reproducción de una extraña pintura donde dos dedos intentaban tocarse sin lograrlo. Con su caligrafía primorosa, mamá contaba que estaban muy felices, que el primer día habían ido a visitar el Vaticano y que la imagen de la postal venía del techo de la Capilla Sixtina. También decía que nos extrañaba y que mandaría una carta más detallada desde Milán, ciudad donde viviera tantos años y que tanto esperaba volver a ver. Papá aprovechó el espacio restante para decirme una vez más que me portara bien y para pedirme noticias sobre el campeonato paulista de futbol. Quedé tan contento que habría de pasar todo un día antes de que le preguntara a mi abuelo qué significaban aquellos dedos en el techo de la capilla. Me llevé la tarjeta a mi cuarto; no dejaba de mirar la imagen, de releer las palabras, de sentir los besos que mamá me enviaba. Le respondía a papá en voz alta, enumerando los resultados de los últimos juegos: Santos 4, São Paulo 1; Corinthians 2, Juventus 0; Portuguesa 3, São Bento 1.

Cuando mi abuelo me habló de aquella pintura de Miguel Ángel sólo me dijo que representaba la creación del mundo. No entró en detalles sobre los dedos que jamás llegan a tocarse y comentó que hubiera preferido una postal de otro lugar con otra obra del mismo artista. Abriendo un libro me mostró la escultura de un joven desnudo, David, el héroe bíblico que a pesar de ser pequeño venció al gigante Goliat con una honda. El David del libro no me pareció tan menudo como lo describía mi abuelo. Y los dedos en la imagen de la tarjeta se parecían a los suyos, torneados y fuertes.

Tras la conversación con mi abuelo y luego de terminar la tarea me fui a mi cuarto y prendí la televisión. Me hacía feliz poder ver con libertad las series y las películas vespertinas. Pero aquel día mi mirada iba y venía constantemente entre la tele y la tarjeta postal. Era como si mi cabeza estuviera en el Vaticano. Con recelo de que mi abuelo adivinara el giro de mis pensamientos, imaginaba a mamá admirando aquellos dedos extendidos y me veía montado sobre los altos hombros de papá para alcanzar el techo y poner mi dedo entre los dedos que no alcanzaban a tocarse; incluso para unirlos.

De repente el presentador de las películas de la tarde anunció el inicio de una serie con las aventuras de un hombre mono. Intrigado, dejé de imaginarme los cielos de la capilla y esperé atento la aparición del salvaje. El comienzo de la película mostraba un grupo de exploradores ingleses que intentaba encontrar un cementerio de elefantes, del cual esperaban regresar cargados de marfil, a pesar de las supersticiones de los nativos. En el trayecto pasaban por ríos y bosques llenos de animales y tribus salvajes. La linda hija de uno de los aventureros llegaba a reunirse con ellos sorpresivamente, con la intención de acompañarlos en la aventura.

Me asusté al oír el grito de Tarzán, quien colgado de las lianas volaba por los aires. Susto mayor tuvieron Jane Parker, la joven inglesa que fue cautivada por aquel ser a la vez dulce y rudo, y el Rey de la Selva, que por vez primera veía una mujer tan blanca como él mismo.

Me impresionó toda la historia, pero jamás olvidaría la lucha entre Tarzán y dos leones que lo atacaron uno tras otro. El héroe vence a los animales con la fuerza de sus brazos y una pequeña daga. Termina exhausto, un elefante lo rescata y se lo lleva a cuestas, un grupo de monos va a buscar a Jane para que lo cure. La lucha con los leones y la escena final donde Tarzán se enfrenta a un orangután a punto de devorar a Jane me hicieron olvidar la creación del mundo y el viaje de mis papás.

Fue especial la relación que desde el inicio de la serie Weissmuller tuvo con los animales. Maureen O'Sullivan se quejaba de que recibía de Cheeta, el chimpancé —cuatro simios diferentes llegaron a hacer el papel de Cheeta— mayores atenciones que de él. En una filmación Johnny salvó a Cheeta de ahogarse y ambos quedaron profundamente ligados. Cuando el chimpancé murió, el actor sintió que había perdido a un hijo y visitaba su tumba con regularidad. Weissmuller también quiso mucho a la elefanta Emma (curiosamente ése fue el nombre de la esposa de Edgar Rice Burroughs, el creador de las aventuras de Tarzán). Emma venía de la India, al igual que todos los elefantes que aparecen en las películas de Tarzán; por ser de menor tamaño que los especímenes africanos, los elefantes indios se pueden amaestrar con mayor facilidad. Puesto que el héroe reinaba en África, la MGM quiso disfrazar la procedencia de las bestias poniéndoles enormes orejas de caucho, lo cual tomaba muchas horas de trabajo a los maquillistas, además de causar frecuentes interrupciones durante los rodajes, pues había que hacer reparaciones que tomaban mucho tiempo. En muchas ocasiones Weissmuller prescindió de los dobles y montaba él mismo a los elefantes y rinocerontes; después se quejaba de las heridas que la piel abrasiva de los animales le causaban en su piel. Es muy difícil cabalgar un rinoceronte o enfrentarlo. Se puede volver feroz sin previo aviso porque no posee visión lateral; incluso Mary, el rinoceronte hembra que Johnny prefería, era arisca y difícil de domesticar.

Los domadores de animales tuvieron un papel muy importante en el éxito de las cintas de Tarzán. Se filmaban las luchas tras entrenamientos exhaustivos y en las escenas aquellos profesionales actuaban como dobles. El alto grado de realismo que fascinaba al público involucraba grandes riesgos. En cierta ocasión, un tigre entrenado para saltar encima del adiestrador y simular una lucha violenta con él no lo reconoció en el momento de la toma. Aquellos felinos identificaban a sus amaestradores sobre todo por su olor. Maquillado para parecer un nativo africano, el doble fue atacado por la fiera porque no lo reconoció y poco faltó para que la embestida tuviera un desenlace trágico. Existen fotos de Weissmuller luchando con los animales y noticias de que efectivamente él participó en algunas de las luchas que se filmaron. Uno de sus biógrafos cuenta que el actor luchaba con los cocodrilos, pero otras versiones mencionan la utilización de bestias mecánicas, como en la famosa escena de *Tarzan and his Mate,* donde el héroe se enfrenta a un caimán gigantesco. Johnny decía que para huir de un cocodrilo era mejor hacerlo a nado y añadía que casi había sido devorado por uno de esos veloces reptiles que lo persiguió en tierra.

La espontánea comunicación de Weissmuller con los animales durante las filmaciones es en verdad un reflejo de la historia de Tarzán. El Rey de la Selva, también llamado el Rey de las Fieras, utiliza una lengua común para comunicarse con los animales, con Jane y con Boy, su hijo, pero no se entiende con los blancos civilizados, ni siquiera con las tribus, casi siempre de caníbales. Frases como *Hugalamba timba, Bowa Cheeta, bowa,* o la expresión más común, *umgawa,* que servía para los más variados fines, irritaban a Weissmuller pues se consideraba desvalorizado como actor. Sin embargo, en la versión Hollywood de la vida del Buen Salvaje estas expresiones parecían tener total sentido.

El Tarzán que aparece en los libros y las historietas de Edgard Rice Burroughs llega al África en el vientre materno. Sus padres son unos aristócratas y misioneros ingleses abandonados en la costa africana tras un motín en el navío que los llevaba a su misión. La madre muere loca cuando el infante tiene apenas un año y el padre es asesinado por un gorila. Huérfano, lejos de la civilización, el pequeño es adoptado por Kala, madre chimpancé cuyo hijo había sido asesinado por Kerchak, el mismo gorila que mató a lord Greystoke. Autodidacta, el infante aprende a leer y escribir gracias a las anotaciones dejadas por sus padres, pero inicialmente sólo habla la lengua de los monos. Posteriormente habrá de dominar varios idiomas y vivir como un lord en París y en Londres, yendo y viniendo entre la selva y Europa innumerables veces. En una de las historietas Tarzán conversa en latín con su hijo tras el encuentro con una tribu romana perdida en medio del continente africano.

Todos los fines de semana durante el tiempo que duró el viaje de mis papás fui con los abuelos al departamento que desde que yo era chico tenían en São Vicente. Mi abuelo consideraba que la playa que nacía al pie del edificio del Fin de Semana era lo mejor que podía ofrecerme para mi entretenimiento; además del restaurante italiano en Santos, y del cine donde las noches de sábado veíamos las comedias de su predilección.

El pequeño predio parecía formar parte de la geografía local, en armonía con la playa que tenía doscientos metros de extensión, como máximo. Fue allí donde aprendí a nadar con un indio que después de andar por toda la playa y de nadar de un lado a otro, cortésmente se ofrecía para llevar a los pequeños al mar. Bajo la mirada orgullosa de mi papá di mis primeras brazadas de la mano de ese indio.

El primer fin de semana despertamos temprano y bajamos la sierra; mi abuela conducía su Dodge y mi abuelo, que nunca quiso aprender a manejar, con las manos apoyadas en el tablero hacía señalamientos y daba consejos sin cesar. Paramos a la entrada de Santos, como siempre lo hacíamos, para comprar una penca de plátanos que yo comía vorazmente. La penca duraba lo que el fin de semana, era nuestro reloj de arena: cuando se acababa era momento de partir.

En cuanto descendí la rampa del edificio vi al indio que desde la playa me hacía señas cariñosamente. Era musculoso, el cabello liso le caía sobre los hombros, hablaba poco. Realmente le gustaba instruir a sus pequeños alumnos y luego nadar con ellos en aquel trecho de mar abrigado, con pocas olas, que él había transformado en una combinación de escuela y hogar. Vivía de las propinas que le daban los papás de los niños.

Hablaba un mal portugués, con un acento peculiar, con gesticulaciones de los hombros y los brazos. En tales momentos no distinguía entre la natación y la conversación, como si fuera una cotorra acuática.

Ese sábado percibió en mí algo inusual. Me condujo enérgicamente al mar, más animado que de costumbre. Nadamos en aguas hondas hasta una isla adonde nunca habíamos ido. Luego, al regresar a la playa, se sentó conmigo en la orilla del agua. Mientras oía mi respiración jadeante me preguntó: "¿Papá y mamá dónde?". Señalé el horizonte, más allá de la pequeña isla y dije: "Europa".

La víspera yo había visto una aventura más de Tarzán. En la película, un avión cae en la selva y los pasajeros mueren; sólo un bebé se salva, a quien Cheeta rescata. Tarzán y Jane obtienen así un hijo caído del cielo. El pequeño aprende la lengua de los animales y aprende a columpiarse en las lianas. Se viste y grita como su nuevo padre. Hay una escena muy bonita donde ambos nadan durante un largo rato, se zambullen junto a un elefante y una enorme tortuga y finalmente juegan bajo el agua. En una secuencia Tarzán salva al muchacho, que acostado en la hoja de un nenúfar gigante se ve arrastrado por la corriente y casi cae por una cascada. Quedé tan prendado de la película que pensé en Boy y Tarzán durante todo el camino a São Vicente, donde el trayecto a nado hasta la isla sacó la energía de mi cabeza y la puso en mis pulmones.

Esa noche fui con mis abuelos al restaurante italiano. Yo siempre pedía lo mismo, macarrones en salsa blanca. Al inicio de la comida competía con mi abuelo para ver quién de los dos podía hacer una pila más alta con las conchas de los mejillones que servían como entrada. Poníamos lado a lado los platos con nuestras pilas de conchas, a veces más altas que los castillos de arena que esculpía con mi abuela.

La película que pasaron aquel sábado era de Cantinflas, el cómico preferido de mi abuelo. El propietario del cine, un sujeto gordo y ceñudo que se estacionaba tras la caja, jamás sonreía, a pesar de que exhibiera comedias.

Salí de la proyección pensando en la diferencia entre Cantinflas y el indio de la playa. Uno, alto y fuerte, casi desnudo del cuerpo; el otro, bajito, con ropas rotas, y prendas imaginarias que se ponía y quitaba sin cesar. El indio era sosegado. El actor, locuaz. Imaginaba el encuentro de ambos en São Vicente. Cantinflas cotorreando a la orilla del mar mientras el indio fingía escuchar.

Pensaba también en la ciudad donde ocurría la película que acababa de ver: Acapulco.

Hay una fotografía clásica que muestra a Tarzán sentado en la rama de un árbol; a su derecha, Jane, a su izquierda, Boy y Cheeta. Sus piernas cuelgan en el aire y todos sonríen como una familia feliz. De hecho, a partir de *Tarzan Finds a Son!* se cristaliza el concepto de un núcleo familiar en la selva. En la tercera película de la serie, antes de la llegada de Boy, Tarzán y Jane habitan una cómoda casa de seis cuartos construida en las ramas de un árbol, una casa con agua corriente y un elevador que un elefante pone en funcionamiento. Cheeta, claro, forma parte de la familia.

Boy es un hijo caído del cielo. Es curioso que en los libros de Edgar Rice Burroughs el niño sea hijo natural de Tarzán y Jane. En el cine ese hijo tuvo que llegar por los aires, pues la MGM temía las reacciones negativa de la censura ante el embarazo de la heroína: Tarzán y Jane no estaban casados oficialmente. Maureen

O'Sullivan, que estando encinta apareció en el episodio donde la pareja halla al niño, solicitó permiso para ausentarse de la serie y dedicarse exclusivamente al papel de esposa y madre. Por tal razón se filmaron dos finales para *Tarzan Finds a Son!;* en uno Jane moría, en el otro no. Prevaleció el segundo y Maureen habría de participar en dos cintas más, aunque Hollywood intentó convencerla de que continuara en las sucesivas. En la primera película sin Jane, Tarzán y Boy reciben una carta donde ella cuenta que se encuentra en Londres cuidando a su madre enferma y que los extraña mucho. En la siguiente, exhibida en 1943, un avión sobrevuela la selva y deja caer un paquete con un mensaje de Jane. En él dice que está trabajando como enfermera, atendiendo a los heridos de la guerra, y pide a Tarzán que le envíe remedios especiales de la selva para los soldados que habían contraído fiebres combatiendo en Oriente. En esas películas aparecen otras mujeres, pero el héroe se mantiene fiel a Jane y no duda en confesar que se siente solo y que la extraña.

Por su lado Jane flirteó con los ingleses que habían llegado para rescatarla y le habían traído ropa europea en *Tarzan and his Mate*. Pero se arrepiente y le jura amor eterno a Tarzán. En *Tarzan Finds a Son!* incluso llega a traicionarlo cuando halla la manera de recluirlo dentro de un desfiladero, pues ha decidido, contra la voluntad del padre adoptivo de Boy, devolver al niño a su familia para que se pueda educar en Inglaterra. Nuevamente se arrepiente y pide perdón. En Nueva York le pide a Tarzán creer en la justicia de los hombres y el resultado es el peor posible. Sólo desobedeciendo las leyes logrará el Rey de la Selva, que en esta película viste traje y corbata, rescatar a Boy, secuestrado por unos empresarios circenses que quieren explotar sus habilidades con los animales.

Cuando los productores se dieron cuenta de que ya no era posible programar las filmaciones entre un embarazo y otro de Maureen —acabó por dar a luz a siete hijos— ni convencerla de que regresara a su arbórea casa, Benda Joyce asumió el papel de Jane y lo desempeñó hasta el final de la era Weissmuller. Maureen O'Sullivan se despidió de la selva en Nueva York, mientras Tarzán escalaba rascacielos, se bañaba con el traje puesto, gritaba en la ducha y saltaba del puente de Brooklyn para escapar de la policía.

La semana comenzó con una carta de mis papás llena de fotos de Italia y Francia. En una, mamá estaba frente a la casa donde había vivido en Milán y tenía una expresión que imitaba, quizás involuntariamente, la de una fotografía de hacía veinte años: ella de niña, recién llegada a la calle San Maurilio número 20 (su primer domicilio después de salir de los campos de refugiados). La diferencia era que ahora quedaba aún menos espacio para el discreto patio con casas grises que en la antigua foto parecían haberse estrechado para caber dentro del visor de la cámara.

Después miré varias veces la imagen de papá, que sonriente y sin mostrar esfuerzo alguno sostenía con la palma de una mano una torre que se inclinaba hacia el costado derecho. Sólo pasé a otra foto cuando mi abuelo me aseguró que se trataba de un truco común: todo mundo finge apuntalar la Torre de Pisa —no se hubiera caído si mi papá retiraba la mano—.

En París, papá debajo de la Torre Eiffel, empeque-
ñecido y mamá, proporcionalmente de mayor tamaño,
bajo el Arco del Triunfo. En el sobre también había
una tarjeta postal colorida con la imagen de unas piernas femeninas que salían de vestidos con encajes y se
extendían en el aire. La abuela sonrió y dijo que eran
las bailarinas de un cabaret famoso y que estaban bailando el cancán. El abuelo quedó visiblemente contrariado. Tengo la certeza de que si él hubiera abierto la
carta sin testigos, se las habría arreglado para esconder esa postal. Pero lo que hizo fue llevarla a su cuarto, de donde regresó con otras que guardaba junto a la
colección de sellos. En éstas se podía ver un cielo azul
oscuro con estrellas doradas que se extendía en las paredes y el techo de una capilla. Abuelo dijo que aquella
pequeña iglesia había sido construida por un rey que
llegó muy joven al trono. Un rey niño que para lograr
ser visto como un monarca, no como un niño, mandó
erigir la Sainte-Chapelle. Comisionó vitrales que con-
taban la historia del mundo, hizo traer de Constanti-
nopla una corona de espinas sagrada, hizo pintar toda
la iglesia: sólo entonces se convirtió en un rey de verdad. La historia del rey niño desvió mi atención. Era
eso lo que el abuelo quería. Si anteriormente había
mostrado su desagrado respecto a la Capilla Sixtina,
ahora recurría al cielo dorado de la Sainte-Chapelle
para apartarme de las rodillas desnudas de las bailarinas francesas.

De París mis padres fueron a Nueva York, de donde
recibí únicamente una tarjeta que mostraba una isla
bardada con rascacielos y sujeta por puentes encade-
nados con gruesos cables. Tuve la sensación de haber

visto ya ese paisaje. Creo que la ciudad no les causó una gran impresión a papá y mamá; ella aún pensaba en su reencuentro con Italia, él en lo que iba a ver en México.

Lo que papá no se podía imaginar era que su hijo en cierto modo ya se encontraba allí, con Cantinflas. En la película que vimos en el cine de Santos la escena que más le divirtió al abuelo fue aquella donde el cómico llega a Acapulco con su ahijado para intentar establecerse como limpiabotas en la playa. El abuelo se reía tanto que casi no advirtió que en la escena siguiente el héroe salta sin querer de La Quebrada. Inquieto porque su ahijado había subido al peñasco y fascinado por los clavadistas del lugar, Cantinflas se despeña y logra imitar la pose sublime de los profesionales que saltaban desde la cima, extendían los brazos y trazaban una curva que terminaba en el estrecho espacio de mar entre las rocas.

También estuve en otra ocasión en La Quebrada. En la última cinta de la serie de Tarzán acontecían muchas cosas extrañas. Mi héroe se veía gordo, usaba sandalias todo el tiempo, incluso debajo del agua, y la aventura tenía lugar en un litoral donde había templos antiguos y no había ni selva, ni lianas, ni monos, ni animales salvajes. Tarzán traba un gran combate con un pulpo gigantesco, tras saltar de... La Quebrada. Sólo pude reconocer el lugar gracias a la película de Cantinflas, pues en ningún momento queda claro que *Tarzán and the Mermaids* se había filmado en Acapulco.

El indio de São Vicente y Cantinflas sólo se conocieron en mi imaginación; Tarzán y Cantinflas posiblemente no llegaron a conocerse, pero ambos saltaron del mismo peñasco, adonde mi papá llegaría dentro de unos días.

El reinado de Weissmuller parecía no tener fin. Incluso cuando se comenzó a rodar su última película como Tarzán, estaba decidido que Johnny ya no estaba, a los cuarenta y tres años, en condiciones de seguir dominando África, de protegerla de los blancos depredadores, de descubrir misteriosas mujeres provenientes del Amazonas —ajenas al mundo exterior y el paso del tiempo— y principalmente de luchar con animales salvajes y tribus caníbales. Pero después del desastroso rodaje de *Tarzan and the Mermaids* en la ciudad de México y Acapulco, la RKO, nueva productora de la serie, sacó a Weissmuller definitivamente de la selva, pues la acción ocurría en un litoral de África, en la imaginaria región de Aquitania, lejos de la selva donde Tarzán hacía acrobacias colgado de las lianas. Arrojado al mar, es natural que su última batalla haya sido contra un pulpo y no contra un león o un cocodrilo.

Esta película pasó por muchas adversidades. La carísima producción pretendía la realización de una película serie A. Pero los pésimos diálogos, el mediocre trabajo de los actores, además de las enormes dificultades para filmar en México, casi impidieron que *Tarzan and the Mermaids* fuera considerada siquiera digna de ser serie B.

Durante la realización, Sol Lesser, el veterano productor de las películas de Tarzán, tuvo un infarto. En la escena donde el héroe salta de La Quebrada, el doble, Ángel García, murió cuando las olas lo estrellaron contra las rocas.

Antes de las primeras tomas de *Tarzan and the Mermaids* los clavadistas locales que habían invitado a John Weissmuller a conocer el peligroso peñasco lo desafiaron a saltar desde la cima. Aceptó en el momento, pues ni el mejor nadador de todos los tiempos ni el Rey de la Selva podía rechazar tal provocación. Para su alivio, los productores de la RKO le prohibieron hacerlo, alegando que cientos de personas perderían su empleo si él sufriera un accidente. Con el corazón ligero, Weissmuller hinchó los pulmones y desde la punta del peñasco dio el grito de Tarzán.

Mis padres ya debían de estar en México y yo seguía soñando con las rocas de La Quebrada, barajando en mi mente a Cantinflas, Tarzán y papá. ¿Tendría él también la valentía de saltar con los brazos extendidos y el cuerpo arqueado, como una especie de hombre, pájaro y avión combinados?

Mi cumpleaños estaba cercano y los abuelos planearon una gran fiesta con la intención de que yo no sintiera la ausencia de papá y mamá, que siempre dirigían el coro del Feliz cumpleaños, de los hurras y luego el coro de sopla, sopla, y tras repartir regalitos entre mis amigos finalmente me daban mi regalo.

La víspera de mi fiesta, cuando yo hacía la tarea, sonó el timbre y mi abuela me llamó a la sala. Allí se encontraba un señor que me traía un paquete especial. Había conocido a mis papás en México y se había ofrecido para traerme un voluminoso regalo. Segundos después yo tenía puesto en la cabeza un sombrero bastante desproporcionado respecto a mi cuerpo, que no se había decidido a dar el estirón de una buena vez.

Junto al sombrero venía una foto, algo mayor que una tarjeta postal, de un hombre que con los brazos extendidos volaba hacia un estrecho espacio de mar. En el reverso se podía leer: "Querido hijo: La Quebrada a vista de pájaro. Te extraño. Papá".

Sólo me quité el sombrero para dormir, pero lo puse junto a la almohada y pasé todo el día de mi cumpleaños abrigado por su ancha ala. Vestía el traje y la corbata que mi abuelo me había comprado para la ocasión, recibí a mis amigos con el sombrero en la cabeza y en el momento de apagar las velas intenté mirar el pastel sin perder de vista el sombrero.

Mi abuelo, con las manos sobre mis hombros, trataba de dirigir mi atención hacia el pastel, hacia los amigos que soplaban los espantasuegras, mientras que mi abuela, pidiéndome que sonriera, intentaba tomar la foto. Pero la foto de Acapulco seguía en mi cabeza; yo quería identificar al hombre que volaba hacia el mar. Sólo estaba seguro de una cosa: aquél no era Cantinflas.

Como Rey de la Selva retirado, Weissmuller consiguió trabajo en una serie de televisión, en donde hacía el papel de Jim de la Selva, un Tarzán menos viril con atuendo de safari. Solía decir que era una forma de ganar dinero sin esforzarse mucho. Aun así, terminó su vida en la quiebra, olvidado por sus fans.

La explicación puede estar en los cinco matrimonios fracasados, en los divorcios caros, en un posible fraude de su empresario, y en los exagerados gastos personales. Weissmuller recibía una mensualidad de Bö Roos, el manager a quien había delegado el control de sus finanzas. Incapaz de participar en más películas, totalmente identificado con el personaje que incorporó a sí mismo, comenzó a beber y se metió en empresas desastrosas con amigos como John Wayne y Frank Sinatra. En el programa de televisión que conducía Groucho Marx comentó que en aquellos momentos estaba trabajando como difusor de la natación y que su objetivo era que todo niño estadunidense tuviera una piscina en casa. También organizó excursiones donde daba exhibiciones de natación. Aceptó ser el recepcionista de lujo de un hotel de Las Vegas. Discurría como Tarzán, afirmaba que podía distinguir a los hombres buenos y a los malos por su olor y llegó a pensar en crear establecimientos comerciales con el nombre de Restaurante de la Selva o Nightclub Umgawa. Cuando fue obligado a retirarse por la RKO, declaró: "Hasta Tarzán envejece". En los momentos difíciles, estando desempleado, hablaba consigo en la lengua del personaje que asumió: *Tarzan hungry, Tarzan need gold, Tarzan steal white man gold, Umgawa! Tarzan think good.*

Pasó los últimos años de su vida en Acapulco, entre la demencia y los recuerdos de la última película de Tarzán. A veces recordaba con nostalgia los tiempos dorados cuando salía de parranda con Errol Flynn, Humphrey Bogart y John Wayne, sus amigos, *the good guys,* como los llamaba. Murió en la miseria y a su entierro no acudieron más que su última esposa, su ahijada, el embajador de los Estados Unidos en México y una actriz que había salido en *Tarzan and the Mermaids.* John Weissmuller Jr. visitó su tumba semanas después de la ceremonia. Advirtió que el nombre de su padre en la lápida estaba mal escrito y vio puercos, vacas y caballos que pastaban sobre la tierra bajo la cual yacía el famoso Rey de la Selva.

Mis visitas a la abuela continuaron y siempre incluían el ritual del álbum de fotografías. Durante un periodo ella perdió la memoria y se imaginaba que su casa era palco de batallas de la segunda Guerra Mundial; yo tenía que recordarle una y otra vez los sucesos importantes de su vida. Hasta que un día al llegar a su casa la encontré vestida como para una ocasión especial. Estaba maquillada, llevaba su collar de perlas preferido y una linda blusa de seda con flores. Me había estado esperando con el álbum en el regazo, toda sonriente. Había recuperado la memoria y quería conmemorarlo con atuendo de fiesta y con los pastelillos que ya estaban servidos en la mesa. Despacio dimos vuelta las páginas; la abuela me contaba algunas historias nuevas, detalles olvidados, curiosidades que yo no conocía. Cuando llegamos a la pequeña foto del cumpleaños, ella se anticipó: "Esta foto fue tomada cuando cumpliste los nueve años. Es tu fiesta de cumpleaños en casa, durante el primer viaje de tus papás". Luego me contó todo lo que había sucedido aquel mes, desde el primer disco de los Beatles hasta el sombrero que me llegó de Acapulco.

Traducción de Mariano Sánchez Ventura

CRISANTA

ANNA SEGHERS

¿Ustedes quieren saber cómo vive la gente en México...? ¿De quién habría que hablar? ¿De Hidalgo...? Hizo sonar la campana de la iglesia del pueblo de Dolores, y así fue el primero en dar la señal para el levantamiento contra los españoles. Después de la declaración de la independencia, la misma campana volvió a sonar todos los años el día de la fiesta patria en el Palacio Nacional de México.

¿Habría que hablar de Morelos...? Su origen era incierto. En él se mezclaban sangre negra e india. Pasó la juventud sumergido en la miseria. Su educación escolar dejaba que desear. Era un pobre cura de aldea. De golpe, lo fascinaron las ideas que Hidalgo atestiguaba con vida y muerte. Durante el levantamiento se volvió un hombre muy enérgico. Un puñado de campesinos, conducido por él, se convirtió en un ejército. Superaba en inteligencia y previsión a los más grandes de su época.

¿Habría que hablar de Juárez...? Expulsó, en tiempos de Napoleón III, a la nueva xenocracia —la francesa— que había sido impuesta a su pueblo. Hizo fusilar al emperador Maximiliano. Entendió que la liberación nacional por sí misma no servía de mucho a los campesinos pobres. Se opuso, implacable e incorruptible, a los propios latifundistas. Los campesinos pobres obtuvieron tierras gracias a sus leyes.

No quiero contar nada de estos hombres y tampoco nada de otros grandes hombres que luego vivieron en México. Pese a que, siendo casi desconocidos en Europa, no sólo allí pertenecen al grupo de los más grandes entre los grandes. No voy a contar nada de Juárez ni nada de Hidalgo ni nada de Morelos. Les voy a contar de *Crisanta*.

Tenía, tal vez, dieciséis años cuando viajó en busca de trabajo desde Pachuca hasta la ciudad de México. No sabía bien en qué año había nacido. Sólo sabía qué día. Como había nacido el día de Todos los Santos, había sido bautizada Santa, porque no hubo nadie allí que propusiera otro nombre. Crisanta le gustaba más. No tenía padres. Sólo sabía que su madre había muerto en el parto. Del padre no sabía absolutamente nada.

Pero Crisanta estaba en mejor situación que muchas otras muchachas sin padre ni madre. Tenía a una persona a la que podía sujetarse, como a una rama robusta. Era una mujer llamada Lupe González. Su marido era minero en Pachuca, a dos horas de la ciudad de México. La González tenía, además, algunos hijos propios. Los mayores ya iban a la mina con el padre. Era la madrina de Crisanta. Crisanta hablaba mucho de la González. De ese modo ponía en evidencia para sí misma y para los demás que no estaba sola en la vida. La González la había criado junto con sus propios hijos. Era una mujer tranquila y callada. No sabía bien por qué Crisanta había nacido precisamente en Pachuca, de lo contrario en alguna ocasión lo habría mencionado. Tampoco sabía bien por qué se había llevado a la criatura a su casa y la había criado en el seno de su familia. Probablemente ya había sucedido muchas veces que, por alguna casualidad, aparecieran niños cerca de ella que no habían tenido padre porque estaba muerto o fugado, ni tampoco madre, porque había muerto o cualquier otra desgracia. Tal vez esta criatura le había parecido particularmente hambrienta. Como ella se deslomaba día y noche para mantener a cinco hijos, esa madre desconocida le evocaba aún más la muerte, y la criatura desconocida, aún más la vida.

Para las festividades importantes, la señora González iba a la iglesia. Su marido no iba nunca. Ella conocía la fiesta patria por sus fuegos artificiales y su música. No hubiera podido explicar con exactitud qué tenía que ver con su pueblo. Pero Crisanta sabía, por medio de esta mujer, que el primero de noviembre era su cumpleaños y su santo. Porque si a fines de octubre se portaba particularmente mal, su madre postiza le decía:

—Tus diablos se han vuelto a soltar. Siempre les fastidia el santo de cada niño. En tu caso, los diablos están particularmente furiosos antes del primero de noviembre. Para esa época hacen más travesuras todavía.

Crisanta tenía otro recuerdo del que nunca contaba nada a nadie. Ese recuerdo era tan extraño que no había palabras para describirlo. Una vez, en su más tierna infancia, había estado en un lugar que no se asemejaba a ningún otro lugar sobre la Tierra. Allí se había sentido tan a gusto como nunca más se volvió a sentir.

Como si ella, sola consigo misma, estuviera protegida por un cielo especial. Cuando se preguntaba qué había sido, lo único que le venía a la mente era: azul. Un azul suave e intenso, que nunca más existió en ningún lugar. El mundo entero había pasado ruidosamente junto a ella, pero sin poder atravesar el azul.

Nunca se ocupó mucho de los sueños. Era de una gran destreza y vitalidad. Pensaba que, probablemente, había estado con su verdadera madre en otro lado antes de ir a parar a lo de la González.

—¿De dónde era mi madre? —preguntaba, a veces.

—Quién sabe —contestaba la González. Era una respuesta que todo el mundo daba a todo. Crisanta finalmente dejó de preguntar. Estaba muy apegada a su recuerdo. Lo evocaba cuando sentía temor.

Ahora sentía temor. La señora González dijo, de repente, que Crisanta tenía que ir a trabajar a la ciudad de México. La hija mayor se iba a casar, y Crisanta tenía que desocupar la colchoneta en la que dormían juntas las dos muchachas. La vecina —la señora Mendoza —tenía una tía en México que estaba al frente de una tortillería. Cuando la gente reza el Padre Nuestro, por "pan nuestro de cada día" se imagina una tortilla. Entre las manos se aplasta un poco de masa de harina de maíz y de cal. El bollo se calienta y se endurece sobre la superficie del comal. Al mediodía, el palmoteo resuena por las calles, monótono, alegre. Este pan no tiene aroma. No se vuelve crocante. No se cocina en un horno, sino delante de los ojos de todos. Pero es ruidoso. Llama por sí mismo a los hambrientos. La señora González preparaba sus tortillas con sus hijas en su propia casa. De modo que Crisanta no necesitaba aprender esta labor. Inmediatamente podía incorporarse a su puesto.

La última vez que estuvo en Pachuca, las tortillas que comió contenían algo mejor que de costumbre. No sólo tomates y chile rojo y verde y una porción de frijoles. También le tocaron restos de carne, que normalmente está reservada para los hombres. Crisanta se echó a llorar cuando, de niña, por primera vez dio un mordisco a su tortilla fuertemente condimentada. Después, ese sabor le era tan necesario como la sal. La señora González siempre cuidaba que sus hijos no se acostumbraran al aguardiente. González padre bebía mucho. Pero no era desmedido. En todo sentido era controlado y adusto. Por la noche, al partir, le había dicho a Crisanta:

—Mañana no nos volveremos a ver. No nos veremos hasta la boda. Ese día tienes que estar presente, hija mía —la abrazó. Por el patio se paseaba, orgulloso, un pavo que estaba reservado para la boda. Crisanta acompañó un poco a González padre por la calle. Él había pensado tan poco como su mujer acerca de la razón por la cual Crisanta había ido a parar precisamente a su familia; por qué él, justamente él, hacía para ella las veces del padre, que Dios sabe quién había sido.

Crisanta viajó en autobús con la vecina. Durante el trayecto se olvidó de su temor. Estaba contenta por todas las cosas que la novia le había dejado a ella en lugar de a la hermana menor. Sandalias, un vestido de algodón con un estampado colorido, un chal: el rebozo. Conocía a muchos pasajeros. Sabía por qué subían y por qué bajaban. A qué mercado, qué enfermedad, a qué fiesta familiar. El camino iba cuesta arriba. La vecina le mostró las montañas nevadas. Los picos desde ahí parecían más cercanos y, por esa misma razón, aún más inalcanzables.

Recorrieron un tramo por el bosque. Se hizo un poco más oscuro. Olía bien. Crisanta nunca había visto tanto bosque. Por lo demás, prácticamente todo era como en casa. Aquí y allá, un pirul ardía, rojo, en las áridas colinas. Un par de franjas de tierra cultivada. Cactus, inmóviles, en una rompiente de polvo. También algunas casas de campo solitarias, como las conocía de su casa, que pertenecían a norteamericanos y a mexicanos ricos. Con palmeras y jardines en flor e incluso con canchas de tenis y albercas. Crisanta se alegraba al ver tantas flores brillantes. En los pueblos la gente plantaba flores incluso en latas de conserva, como lo hacía González.

En una estación subió un muchacho con mucha carga. Llevaba al mercado de México vajilla de barro que había cocido su familia en su casa. Él mismo —según dijo— ya no quería ir más al mercado, sino a una fábrica.

—¿Por qué?

—Es mejor para mí.

—¿Por qué? Siempre es mejor la familia. Trabajan juntos, venden juntos.

—Mi tío siempre dividió los ingresos entre nosotros. Eso trae problemas. La cuenta es más clara si es sólo entre desconocidos y yo. —La gente del autobús prestaba atención a su vajilla, para que no se le rompiera nada.

—Eso no está permitido —protestó el conductor—.

Detén un camión para que te lleve. Eres joven. Si no encuentras ninguno y tampoco tienes una mula, ve a pie. —El muchacho le explicó amablemente por qué habían empacado apenas en la noche, por qué tenía que estar antes del mediodía en el mercado de La Merced. Le regaló al conductor un pájaro azul de barro, que se podía utilizar como pipa, para su hijo.

Crisanta observó al muchacho. Le gustaba. Ahora iba contenta a la ciudad, porque el muchacho también viajaba hacia allí.

Pasaron por debajo de un gran cartel que decía "Bienvenidos al Distrito Federal".

Era un lindo recibimiento. Crisanta no lo podía leer. No había ido a la escuela.

¿Cómo podía hacer para explicarle al muchacho dónde la podía encontrar en la ciudad? Él la miraba a veces fugazmente. Ella, entonces, bajaba rápido la mirada. Él vio lo tupidas que eran sus pestañas. No era mucho mayor que ella. Pero ya había vivido unas cuantas cosas. Era tranquilo, amable, orgulloso. Todavía no se sentían unidos, pero sí predeterminados el uno para el otro, quién sabe. La señora Mendoza le preguntó al conductor dónde se tenían que bajar para llegar a la plaza Álvaro Obregón. Añadió —tal vez para ayudar a los dos jóvenes— que allí entregaría a la muchacha en la tortillería de su tía Dolores.

La vida nueva se veía mejor de lo que Crisanta se había imaginado. ¡Qué divertida era la tortillería! Cinco muchachas, cuyas bocas y manos nunca estaban quietas. Era otra cosa hacer tortillas aquí que en el patio de Pachuca. Sin interrupción entraba gente de la calle. Uno pedía media docena de tortillas; el otro, una docena, el siguiente encargaba tres docenas de una sola vez. Crisanta prestaba atención a las conversaciones, a las protestas, a las risas. Aquí, cada tortilla se condimentaba con el espíritu de la familia para la que había sido aplastada, como con chile rojo y verde. Crisanta estaba hambrienta de mucha vida, y aquí había mucha. Le fastidió que la señora Mendoza discutiera demasiado tiempo con su tía Dolores, porque había prometido diez pesos más de sueldo. Le decía que la muchacha ganaría diez veces más en una fábrica y dos veces más incluso como embaladora en la vidriería de su cuñado. Finalmente, la tía Dolores se mostró dispuesta a ofrecerle gratuitamente un lugar donde dormir y la cena con su familia. La señora Mendoza defendió, por fidelidad a la González, los intereses de esta muchacha ignorante.

Crisanta tenía un bollo de masa entre las palmas de las manos. Los vendedores ya formaban fila, porque era el mediodía. Crisanta no se quería ir de allí. Su sueldo le parecía alto. El viaje en autobús ida y vuelta a Pachuca sólo costaba una fracción de aquél. Si ni siquiera necesitaba dinero para vivir y comer, podía comprarse un delantal igual al que usaban las muchachas. Y unos aretes iguales a los de la tía Dolores. Eran aretes que iba a necesitar cuando la visitara el muchacho que había viajado con ella en el autobús. No dudaba que tarde o temprano él vendría a visitarla.

A Crisanta la noche le pareció extraordinariamente agradable en casa de la familia de la tía Dolores. En su otra casa su lugar de dormir había sido ocupado a raíz del casamiento de la hija mayor. Aquí había quedado un lugar libre a raíz del casamiento de la segunda de las hermanas. Crisanta creía que la vida transcurría siempre así. Aquí se llenaba algo, allí se vaciaba. Nadie estaba solo en la ciudad. Se encontraba como un árbol en el bosque, no solitaria como un cactus en medio del campo.

Su nuevo lugar de dormir no se podía comparar con el anterior. Aquí dormía en una cama. Nunca antes había dormido en una cama, sólo en el piso, sobre una colchoneta. Primero tuvo miedo de caerse. La tercera hermana, que compartía la cama con ella, dormía del lado de la pared. Crisanta se imaginaba que navegaba muy por encima de todos atravesando la noche. Esa noche, también la comida era mejor que en lo de los González. Comían carne a menudo. Tortillas con abundante relleno de carne picada. Tanto café dulce como se podía desear. La familia era grande. No se podía entender enseguida quiénes eran hijos, quiénes yernos, quiénes nietos. El hijo menor de la tía Dolores era menor que su nieto. Crisanta pensó, primero, que el padre era un yerno. No venía a la casa con regularidad. La tía Dolores hablaba de él a veces con orgullo, a veces con desprecio. Era un hombre pequeño e inquieto, movedizo y astuto, con un bigote diminuto. Cuando se encontraba en la casa, hablaba durante la comida más de lo que Crisanta había oído hablar a González padre en toda su vida. Ganaba bastante bien como capataz en una fábrica de zapatos; también consumía mucho, porque le gustaba andar por ahí y beber. La mujer no sacaba demasiado provecho de su marido, sólo lo que hábilmente lograba con protestas y astucia durante sus visitas. Y más y más niños pequeños. Pero los varones la obedecían a ella. La ma dre, que iba todas las mañanas a trabajar, que sostenía a toda la familia unida a ella —incluso, en cierto modo, también al escurridizo marido—, que mantenía todo en pie y cocinaba, paría y amamantaba, era un tronco firme con raíces resistentes en cada rinconcito de la vida.

Crisanta se divertía con todo. Su vida en Pachuca había sido casi sombría. Aquí, en una tarde, gritaba y se reía más de lo que antes lo había hecho en toda su vida junta. La tía Dolores también contaba muchas historias. Cuando Crisanta se olvidó de barrer la habitación, contó:

—Había una vez una muchacha que se casó con un hombre muy hermoso. El hombre le hacía todos los favores. Sólo le prohibió barrer la habitación. Le dijo: "Si quieres vivir conmigo para siempre en buenos término, debes dejar la mugre en el suelo. Yo no tolero las escobas, no puedo soportar el barrido". Una vez vino su madre de visita. Se agarró la cabeza con las manos cuando vio toda esa mugre en el suelo. La hija se disculpó diciendo que su marido no podía soportar las escobas. Cuando se fue al mercado, la madre tomó la escoba y realizó una limpieza profunda. La hija llegó a su casa y comenzó a lamentarse: "Ahora mi marido se enojará conmigo". Pero la madre siguió barriendo, tranquila. Entonces, la habitación comenzó a temblar, se oyeron gruñidos y todo se sacudió, se puso oscuro y sonaron truenos.

"Cuando todo volvió a estar en calma y el sol entró en la habitación limpia, la madre le dijo a la hija: 'Ahora lo ves. Hay un solo hombre que no quiere que uno barra la mugre. Estabas casada con el diablo, y es una suerte que yo haya venido, te lo has quitado de encima a tiempo'."

La tía Dolores antes seguramente se habría llevado bastante bien con su marido. Sin lugar a dudas se habrían divertido con muchas historias, charlas jugosas y bromas.

Una noche —de domingo a lunes—, cuando la tía Dolores dormía profundamente, él se acercó a la cama de Crisanta. Ella se despertó a tiempo. Se defendió mordiendo y rasguñando. La hija que dormía del lado de la pared se despertó súbitamente, la tía también se despertó.

—Nada, nada, el gato—dijo Crisanta. Pero la tía Dolores se había dado cuenta de que algo faltaba junto a ella.

Probablemente pronto hubiera desalojado a Crisanta. No sólo por su marido. Tampoco le hubiera gustado que uno de los hijos tuviera algo con ella. Es cierto que ellos eran gente humilde, pero no tan humilde como Crisanta, que no tenía padre ni madre ni tampoco una familia para organizar una boda, y no poseía nada más que su vestido y su rebozo. Pero no necesitó cuidar a su familia de Crisanta, porque sucedió algo que ésta había estado esperando en secreto.

El muchacho con el que había viajado en el autobús se presentó un buen día frente a la tortillería. Crisanta lo divisó enseguida. A partir de que el joven, desde ese viaje, se sintió atraído hacia la muchacha desconocida —primero ligeramente, luego con mayor intensidad y desde que se había bajado del autobús irresistiblemente—, tuvo la impresión de que lo que los atraía el uno al otro era como una promesa incumplida. Se sentía poco confiable y débil mientras no cumpliera con su promesa. También tenía razón al suponer que la muchacha que anhelaba lo esperaba incesantemente. Se quedó parado, erguido y rígido de los nervios, dirigiéndole sus ojos, de color verde dorado, desde una distancia considerable. Al final había temido que ella hubiera cambiado de trabajo. Ahora estaba allí, tal como él la recordaba. Muy pequeña, entre las muchachas que aplastaban tortillas, no demasiado encantadora, no demasiado delicada, un poco descuidada, un poco delgada. Cuando él la miró ella comenzó a temblar de alegría. Al principio él se desilusionó un poco, aunque tampoco la había embellecido en su recuerdo. Pero cuando vio que temblaba de alegría se enorgulleció. Su carita traviesa se volvió suave debajo de la sombra de las pestañas tupidas. Ahora le resultaba insoportable la hora que todavía los separaba al uno del otro. Se compró tres tortillas, pero no unas que ya estuvieran listas. Esperó a que Crisanta aplastara un par y las sacara de la superficie caliente. Esperó, masticando, delante de la puerta.

Crisanta no respondió a las preguntas risueñas de sus compañeras. También se quedó en silencio por el resto de la jornada de trabajo.

Y ahora este hombre había venido antes de que ella pudiera comprarse, con su primer sueldo, los mismos aretes que la tía Dolores. La noche era fresca. No tenía suéter ni medias. Sólo su vestido de algodón y su rebozo, con el que se envolvió la cabeza y los hombros. El muchacho la tomó con las dos manos y la ayudó a subir al autobús. Estaba lleno de obreros; el muchacho se apoyaba en la pared exterior. Crisanta no tenía idea de lo grande que era la ciudad. Sola, sin protección, hubiera tenido miedo. El muchacho la ayudó a bajar nuevamente. Ya habían caminado un trecho largo cuando él le preguntó:

—¿Cómo te llamas?

—Crisanta —y le contó por qué se llamaba de tal forma. Luego le preguntó:

—¿Y tú?

—Miguel —recorrieron algunas calles largas. El polvo, a la luz de la luna, era como escarcha. Pasaron por un portón y entraron en un patio estrecho y profundo, que era una calle sin salida con habitaciones a derecha e izquierda. Con lagartijas. Con plantas en baldes y en latas de conserva. Con una bomba de agua. Con metates, tablas acanaladas para moler maíz. Con un pavo que se hacía el amo de la oscuridad.

Hacía tiempo que Crisanta había dejado de mirar a su alrededor. Ya no había nada que le importara entre el patio y las estrellas. El muchacho la hizo entrar por una de las puertas. Vivía en la habitación con un par de amigos. Ahora había uno solo en la casa, que se levantó sin decir palabra cuando entraron. Al salir, volvió a echar un rápido vistazo a Crisanta.

Desde su separación —el lapso transcurrido desde el viaje en autobús— habían pensado tan efusivamente el uno en el otro que ahora no necesitaban más tiempo. Lo que antes había sido su vida ahora sólo ingresaba a veces como una luz tenue a la habitación, como el patio detrás de la puerta. Si después pasaba algo más... pero ella no siguió pensando. La felicidad no tenía nada que ver con el tiempo. ¿Por qué habría de acabar, si no tiene nada que ver con el tiempo?

Miguel le dijo que tenía que llevarla al autobús, porque él debía irse a su trabajo nocturno. Apenas al salir Crisanta vio que había alguien más en la habitación, durmiendo en una colchoneta entre las armazones de hierro de las camas. Miguel le dio un rudo empujón:

—¡Pablo, a levantarse, es la hora!

A partir de entonces Crisanta torteaba sus tortillas más rápido que nunca. El piso estaba mejor barrido que nunca. Incluso les arrancaba la escoba a las otras. Siempre tenía ganas de reír. La tía Dolores estaba contenta de que Crisanta saliera con un extraño y no entrara en consideración para su marido.

Una semana después, Miguel le dijo a Crisanta que de ahí en más tenía que viajar sola a su casa en autobús. Sostuvo que no tenía tiempo de ir a buscarla a la tortillería, porque por la noche tenía que ir a la escuela. Y le preguntó si a ella no le habían designado ya una escuela.

Porque en esa época el gobierno comenzó una gran campaña para enviar a las escuelas nocturnas a la mayor cantidad posible de personas que todavía no sabían leer ni escribir. En todos los barrios se había abierto una. Los funcionarios iban de casa en casa y anotaban a los que todavía no habían ido nunca. También fueron a la casa de la tía Dolores. Anotaron a Crisanta. En la misma semana, también vino una monja con una lista. La ley prohibía desplazarse fuera de la iglesia con el hábito, pero se reconocía enseguida por la cara y la falda larga: era una monja. Intentó convencer a la tía Dolores de que enviara a los niños a su escuela.

—Porque una vez que saben leer y escribir —dijo la monja—, pierden con mayor facilidad la integridad de su alma; pueden leer más fácilmente algo prohibido.

Los muchachos se rieron por la noche en la habitación de Miguel cuando Crisanta les contó de la visita. Ahora, a veces, cuando ella llegaba, se quedaban y conversaban y bebían y cantaban.

—La monja tiene razón —dijo Pablo, pero al revés. Yo, por ejemplo, sé leer, leo el periódico. Siempre pienso que si alguien lee esas mentiras y no se da cuenta de lo que son, realmente pierde la integridad de su alma.

Miguel miró pensativo a su amigo Pablo, al que amaba profundamente. Crisanta sintió una punzada de celos. Durante un segundo sintió como si se hubiera enfriado el ambiente. Pero Miguel no había mirado a ninguna muchacha, sólo a su amigo Pablo.

Miguel iba a la escuela nocturna de su distrito, y Crisanta iba a la suya. Al principio todo le parecía divertido. También allí había muchas caras nuevas. Eso la ponía nerviosa y la intimidaba. A cada cara le correspondía su porción de vida. Todos esos obreros, lustrabotas, verduleras y fruteras, vendedores ambulantes, empleadas domésticas, tenían su lugar precisamente en esa escuela nocturna para aprender a leer y escribir. Todos tenían, también, curiosidad por saber por qué Crisanta estaba en su distrito. Eso le daba más plenitud a la vida. Se sentaban bien cerca unos de otros. El profesor era joven y tranquilo. Sentían pudor frente a él. Infundía valor y era estricto. Era como un sacerdote. Los regañaba si volvían a equivocarse en lo mismo de antes. También era divertido cuando extraía las letras A y O de las palabras y las escribía en el pizarrón. Las letras, cuando cobraban importancia por separado, se veían tan redondas o puntiagudas como sonaban de antemano. Pero después vinieron otras letras, cuyo nombre no se correspondía con su aspecto. También era difícil volver a juntarlas para formar palabras enteras. Así salían palabras que uno usaba miles de veces por día, ciegamente. Crisanta admiraba al viejo albañil gordo que se sentaba a su lado. Él pronto aprendió todas las letras. Rápidamente las podía juntar y formar palabras.

Miguel consiguió un puesto de trabajo mejor. También se pasó a otra escuela nocturna. Iba en el mismo horario en que Crisanta debería haber asistido a sus clases. Primero se reían juntos mirando los cuadernos, cuando sus letras g, en lugar de rodar, saltaban. Pablo los ayudaba. Sólo elogiaba a Miguel. A Crisanta la increpó con enojo. Ella no quería estar sentada cerca de Miguel sólo para clavar la mirada en cuadernos. Y se avergonzaba frente al profesor y a la clase porque todavía no había aprendido a reunir las letras individuales para formar palabras. También se avergonzaba frente a Miguel. Desde un comienzo estuvo convencida de que él aprendía tan rápido como el albañil con quien compartía el banco. Miguel ya sabía leer lo que decía en la última página del libro escolar, acerca de un hombre que se llamaba Juárez.

Le molestó que a las hijas de la tía Dolores la monja les regalara, a modo de felicitación, estampitas coloridas y doradas: la Virgen de Guadalupe. Aunque Crisanta consideraba que sólo hacían como si ya pudieran leer toda la historia. De cuando María de Guadalupe se le apareció a un indio pobre. Por primera vez, a un hombre que no era de piel blanca. Y le regaló rosas en una montaña pelona donde no crecían sino cactus. Seguramente, las muchachas lo habían escuchado tantas veces que se lo aprendieron de memoria. A partir de entonces, por la noche, en lugar de correr a la escuela corría al autobús, para ir a casa de Miguel. El tiempo entre dos encuentros era como aire. Crisanta apenas comenzaba a contar los minutos cuando caía el día. Cuando Miguel oía los pasos de Crisanta, a veces fruncía el ceño, porque Pablo estaba sentado junto a él leyéndole el periódico. Sus ojos, de color verde dorado, esparcían un débil resplandor en cuanto Crisanta se sentaba con ellos a la mesa. Crisanta creía que todo seguía igual que en el primer encuentro en la tortillería.

Es que apenas había transcurrido un lapso muy breve desde entonces. No había recibido más que un sueldo mensual. De repente, apareció la señora Mendoza para avisar que la boda tendría lugar el domingo siguiente. Entre tanto, Crisanta casi había olvidado a la familia González. Ahora estaba nerviosa, ahora sentía remordimiento. Una fiesta de casamiento ya no le parecía algo tan majestuoso. El pavo que ahora sacrificarían... de golpe vio con claridad que en la ciudad había comido muchas veces buenos platos. Ahora pensaba día y noche en su madre postiza. Hablaba incesantemente de la familia González. Compró regalos por el valor de todo su sueldo mensual. Eligió el color que más le gustaba entre los vestidos que colgaban por la mañana del soporte del vendedor ambulante. El mismo rebozo que la hija de la señora González le había pasado, pañuelos floreados, aretes, todo tipo de alhajas. Quería inundar de regalos a toda la familia.

Luego se dio cuenta de que ya había gastado todo el viático. Las muchachas de la tortillería le explicaron que, tranquilamente, podía pedirle a la tía Dolores un anticipo. La tía Dolores se comportó de manera generosa. Pero estaba contenta de mantener a Crisanta vinculada a ella tanto tiempo como fuera posible. El amor había vuelto ágil y obediente a Crisanta. Su novio podía convencerla de buscar otro trabajo.

Hacía tiempo que Miguel tenía ganas de visitar a su propia familia. Volvieron a viajar juntos en el autobús. Miguel prometió pasar a buscarla al día siguiente a la casa de los González.

La bienvenida fue como Crisanta la había deseado. La alegría por los regalos que trajo no parecía tener fin. Crisanta misma brillaba de alegría. Todo estaba preparado para la boda. Olía a pavo asado. La señora González había utilizado más aceite de lo que gastaba normalmente en un año. Y cuando ya todos estaban sentados disfrutando del banquete de bodas —la puerta estaba abierta y cada vez entraban más invitados—, la señora González, que normalmente cuidaba cada gramo, hizo buscar una y otra vez más comidas picantes y dulces y aguardiente. Hoy pedía todo fiado. Tampoco regañaba a los hombres que bebían. Hoy era un día para deshacerse de todas las preocupaciones. Quería que se sintieran como las almas que Cristo había sacado del infierno. Por la noche varios tuvieron que partir; salieron a tientas, como pudieron, a la calle, y fueron hacia el camión que los llevaba a la mina. La mayoría dormía en las colchonetas. La señora González hizo café para todos. Eso les dio aún más ganas que el día anterior de cantar y tocar la guitarra. Ahora le habían tomado verdaderamente el gusto a la boda. Crisanta estaba completamente embebida de la fiesta. Su corazón, sin embargo, empezó a latir a la misma hora de siempre, cuando el día comenzó a refrescar y se detuvo. Se arregló un poco el pelo y el vestido... y enseguida llegó Miguel.

Al instante se llevó bien con todos. Crisanta no le quitaba los ojos de encima. Él no miraba a Crisanta, hablaba con los hombres.

—Me fui de mi primera fábrica para entrar en Reyes, una fábrica de cuero —dijo—. Lo hice porque allí pagan más. Pagan más y exigen más. No te dicen enseguida "exigimos más". Te das cuenta. Primero piensas que vas a sudar tanto en un lugar como en el otro tus ocho horas. Ahora bien, puedes sudar agua, pero también puedes sudar sangre. Allí me dijeron que poco antes de mi llegada habían recibido una nueva máquina, con engranajes, una cosa rara. Que había llegado un hombre extranjero con la máquina para entrenar al capataz y a la máquina, durante toda una mañana. De dientes amarillos, un extranjero, de ojos azules, de cabello rojo. Un gringo, pero que hablaba como nosotros. Nos pagan más, no sé cómo decirlo, pero nos cuesta más. Y si una vez sales a la calle y te comes un helado, o llegas más tarde, inmediatamente te lo descuentan. O echas a perder una pieza o no terminas a tiempo cuando el capataz controla... inmediatamente te lo descuentan.

—¿Y por qué no regresas entonces con tu familia, a la alfarería? —preguntó la señora González.

—No —dijo Miguel, decidido.

—¿Por qué no? —Miguel reflexionó un instante.

—Nos pagan lo convenido. Nos descuentan lo convenido. Sólo que no lo recordamos. Pero ellos lo tienen escrito y nos lo leen, era lo convenido. No cabe ninguna duda de que son una banda de ladrones, pero uno está solo. Sabe, señora González, en casa, en la familia, siempre estamos unidos, pero sin embargo, cada uno, por ejemplo yo, está solo. Si tengo que salir de un embrollo en casa…, estoy solo. Si algo se me rompe…, estoy solo. Si algo me sale muy bien…, estoy solo. Si en algún momento necesito algo muy especial…, estoy solo.

Los hombres escuchaban con atención. No terminaban de entender lo que decía. Tal vez porque las cosas eran distintas para ellos. Sí, en la mina sucedía casi lo mismo, pero en la familia era diferente.

—Si no ganamos mucho, en casa reina la miseria —continuó Miguel—. Cuando hace poco aumentó el arroz de golpe, en la fábrica todos juntos exigimos una mejora salarial. Todos juntos tiramos el trabajo al bote. ¿Qué hubiéramos podido hacer en casa, cuando el arroz encareció? Tornear un par de vajillas más, para ganarnos el arroz, ¿no? Y luego, efectivamente, nos aumentaron el salario en la fabrica. Tampoco echaron a nadie a la calle, tampoco le descontaron nada a nadie. No porque nos aprecien, sino porque ellos mismos tenían que cumplir con las entregas, porque necesitaban nuestro trabajo. De lo contrario, te echan a la calle, te descuentan por cualquier estupidez. Esa vez no.

—¿No?

—No. Eso fue una huelga. Ganamos nosotros.

—Nosotros también quisimos hacerlo —dijo el yerno—, y yo hubiera participado. Pero casi todos, de golpe, tuvieron miedo de que al final a todos nos echaran a la calle.

—En cuanto sepa leer y escribir, me quiero ir bien lejos —continuó Miguel—. Quiero ir a Campeche, donde está mi tío. Dice que, si realmente sé leer y escribir, me va a conseguir un puesto allá. No quiero quedarme aquí para siempre. El país es grande, tenemos muchas ciudades. Quiero ver algunas.

Entonces, el viejo González dijo:

—Cuando yo era joven, acá estábamos aún peor. Para nosotros no existía la luz. Sólo veníamos durante el día para dormir. Nosotros también nos unimos. Marchamos hacia la ciudad. Yo era tan pequeño como mi hijo menor. Tampoco nos descontaron nada, amigo mío, nos dispararon. Hicimos entrar en pánico al perro viejo en su Palacio Nacional. Por más cómodo que estaba, sentado en su sillón, se tuvo que marchar —este recuerdo hizo brillar sus ojos como brillaron los de Miguel al recordar la huelga.

Crisanta miraba sin cesar a Miguel. Él sabía más que los demás. Tenía muchos planes. Luego, los González partieron hacia la mina. El padre caminó con su nuevo yerno a solas. Hacía tiempo que eran buenos amigos. Ya ahora, el muchacho era sombrío y taciturno. Si no sufría, de golpe, un arrebato de amor o de ira. Ninguno de los dos tenía ganas, ahora, de derrochar sus pocas palabras pensado sobre sus invitados. Reflexionaron acerca de todo lo que había contado Miguel.

—Todavía es joven —dijo el viejo González, suspirando.

—Sí —dijo el otro—, y está solo. Así puede irse a

donde quiera. —No hablaron de Crisanta. Sólo consideraron al pasar lo que esto implicaba para ella.

Crisanta no se imaginaba nada. Nunca había contado el tiempo. Ahora contaba. La vida se difundía espontáneamente en todas direcciones. Iba con Miguel de un extremo al otro de la ciudad. Fue con él al mercado de La Merced. Era como si todo lo que un pueblo necesita en toda una vida, en cuanto a vestimenta y zapatos, comida y bebida, monturas y cuchillos, sombreros de paja y rebozos, ollas y jarras, adornos y estampitas de santos, se hubiera reunido allí. Sandalias y botas de montar crecían en guaridas del mercado, alineadas en barras, como los plátanos en las matas. Tantas telas de motivos coloridos, como si las vendedoras hubieran desplegado jardines enteros. En otra guarida crecía el tule. Había jinetes y gigantes trenzados de tule hasta el techo y canastos encimados, de la altura de una torre. Del mismo modo en que uno solo no llama la atención y muchos juntos se imponen a la vista, Crisanta nunca había prestado atención a la bolsa del mandado de la tía Dolores, pero aquí, en la guarida en penumbras, se quedó estupefacta ante la montaña a cuadros rojos y azules que formaban las bolsas. Eso mismo sucedía con todo lo que había en el mercado de La Merced. Con todos los frutos. También con las ollas, y la familia de Miguel —aunque amasaban, torneaban, pintaban y esmaltaban todos juntos, hijos y nietos, día y noche— había ocupado un solo puesto. Crisanta reconoció las ollas como se reconoce una planta determinada. Por sus manijas, por su esmalte. Todos se rieron a espaldas de la mujer desconocida que quería saber la fórmula con la cual realizaban la mezcla de barro; porque estas ollas nunca se rompían, ni siquiera en el fuego, como si fueran de hierro. Era una mujer blanca y demacrada, de cabello y ojos descoloridos.

—Y por un peso se cree que le vamos a dar nuestra fórmula además de la olla —dijo Miguel—; que se compre aluminio en la tienda —dijo "nuestra fórmula", aunque él iba a trabajar a la fábrica.

Fueron juntos al cine. A los dos les gustó tanto la película que se olvidaron el uno del otro. Una muchacha, hermosa como un ángel, se hunde cada vez más en la desgracia. Es seducida y abandonada. Pasa de una mano a otra. Tiene mala suerte con los hombres. Tiene un hijo que termina en un orfanato. La madre cae en la miseria y envejece. Va a parar a prisión. Cuando visita a su hijo en la escuela, éste no reconoce a su propia madre. Entre tanto ha aprendido a leer y a escribir. Ha estudiado. Se recibe de abogado. Defiende en un juicio a una mujer desconocida y harapienta… Crisanta salió como hipnotizada a la calle. Normalmente nunca pensaba en algo que ya había pasado. Ahora no dejaba de pensar en la muchacha, en su juventud y belleza y en su miseria y vejez. Todo eso era simultáneo, ya pasado y siempre presente.

Miguel no dejaba de pensar en el hijo. Había sido bueno que no se quedara con la madre. Había sido bueno que aprendiera tanto.

Salieron a las afueras de la ciudad, para ir a la fiesta de la Virgen de Guadalupe. Creyeran o no creyeran en el milagro, todos los habitantes de la ciudad se dirigían a Guadalupe. Era un milagro nacional. Era una virgen morena. Se le había aparecido a un indio. En el crepúsculo, bailarines disfrazados de guerreros españoles y mexicanos, con cascos y con plumas, salieron a representar una obra delante de la iglesia. En realidad había corrido tanta sangre que era sorprendente cuántos había vivos hoy en día. En los ojos de los niños pequeños y de las mujeres seguía habiendo un vestigio de melancolía, un resto de tristeza. Era como el sedimento de las épocas de esclavitud, y encima otro sedimento de nuevos sufrimientos... Miguel se comportó con generosidad. Crisanta no tenía dinero, porque había gastado todo en regalos. Él la llevó a todos los puestos de la feria, le compró muchas golosinas. La fiesta todavía no había llegado a su cúspide, y seguía habiendo estrellas en el firmamento.

También festejaron juntos en septiembre la fiesta nacional, el "Grito de Dolores". Crisanta se agarró del cinturón de Miguel para no perderlo entre la muchedumbre. La multitud estaba eufórica delante del Palacio Nacional, y también los pendencieros y los borrachos se cuidaban un poco para no aplastar a los niños pequeños que ya no se metían en el rebozo de la madre junto con otros más pequeños. Luego todos escucharon en silencio las campanadas de la pequeña campana de Dolores, que ahora podía anunciar la fiesta en la capital porque en otros tiempos había repiqueteado para la liberación. Después de la última campanada el pueblo se exaltó, se alborotó, dio voces y gritos de alegría. Como si esa noche también hubiera que conmemorar, con aguardiente y con cuchillos, con fuegos artificiales y con pistolas, el grado de desilusión y confusión que había seguido a la liberación. Como si hubiera que conmemorar toda la sangre valiosa junto con aquella que se derramó por traición, calumnia, ambición y codicia.

Crisanta recorría gustosa todos los caminos que transitaba con Miguel. Hubiera ido con él a la fábrica, a trabajar en el campo, a la alfarería, también a bodas y fiestas. Hubiera marchado con él a la guerra, a manifestaciones, a procesiones. Lo importante era que él caminara delante de ella. Ya no la empujaba desde atrás. Ahora caminaba orgulloso, casi con la seguridad de que ella lo seguía.

Una vez la volvió a mandar a su casa, porque el profesor le había prometido que le iba a leer algo en voz alta. Crisanta se quedó esperando delante de la casa. Cuando él regresó, la regañó. Crisanta se asustó cuando Pablo le preguntó si había aprobado su examen en la escuela nocturna. La había abandonado. Pablo se dio cuenta y se rió.

Una vez, Miguel dijo de pronto que tendría que irse de México. Un camionero le había prometido llevarlos en su camión hasta la ciudad de Oaxaca.

—¿Qué tan lejos queda?

—Una noche. Nos puede pasar a buscar sin previo aviso. Entonces nos tendremos que ir de un minuto a otro.

Había esperado que le hiciera muchas preguntas más. Pablo, incluso, le había aconsejado no decirle nada de su plan, porque ella se echaría a llorar y sería un estorbo para él. Y él, de todos modos, no podría ayudarla. Primero, Miguel contestó:

—Oye, cuando aquel Alfonso se fue a California en busca de trabajo y su familia nunca supo más de él, ahí tú mismo dijiste que no estaba bien.

—Es otra cosa. Alguien como tú no se puede echar una carga tan pronto y para siempre. Debes irte de aquí —dijo Pablo. Era probable que tuviera razón. Quería irse, y quería llevar otra vida. No quería pasar sus días como el marido de la tía Dolores, como González padre. Quería aprender mucho. Quería ver mucho. Necesitaba una muchacha bien diferente. Lo único que le hacía dudar era: ¿por qué Crisanta no se había asustado? De golpe le vino la idea de que ella, al escuchar la oración "nos vamos", no había pensado en Pablo y Miguel sino en Miguel y Crisanta. Esta idea lo acongojó, pero Pablo dijo:

—¿Tú qué piensas, te parece que la despedida se le haría más leve si durara más? —Tampoco duró más. Porque a la noche siguiente vino el camionero.

—Vamos, muchachos, si todavía tienen ganas.

Cuando Crisanta, la tarde siguiente, llegó a la hora de siempre al patio, una mujer, que estaba sentada en el suelo moliendo maíz, le dijo:

—¿Y hoy a quién vienes a ver? —Crisanta se enteró de que Miguel y Pablo ya habían partido. Los muchachos de la habitación la observaron en parte con burla, en parte con compasión. Había dos que la observaban con mirada sombría. Crisanta comprendió todo, no dijo nada. Tenía las piernas rígidas, clavadas en el suelo. La habitación daba vueltas a su alrededor. Esperó hasta que se detuviera. Entonces dijo, en tono alegre, que ella ya lo sabía, que ella misma había aconsejado a Miguel para que emprendiera el viaje. Que sólo había venido a buscar algo que se le había olvidado. Un muchacho exclamó:

—En caso de que te hayas olvidado algo en mi colchoneta... —y cosas por el estilo, como las que suelen proferir los jóvenes en este tipo de situaciones. Crisanta supo replicar a todo lo que le dijeron. La mujer que molía maíz en el patio escuchaba sus risas meneando la cabeza. Crisanta, repentinamente, saludó y se fue.

Era de noche. Hacía frío. Crisanta no quería regresar a casa de la tía Dolores. No quería regresar nunca más. No quería ir a su casa ni tampoco a la tortillería. Tampoco quería volver a Pachuca. Y nunca más quería ir a casa de los González. No quería que le preguntaran nada. No quería ir a ningún lugar. Vagó por las calles. Se sentó delante de una puerta hasta que la echaron. Dio vueltas durante un rato. Se sentó en las escalinatas de una mansión. Un grupo de músicos pasó por la calle nocturna. Se detuvieron delante de la mansión, tal vez porque el pretendiente de una de las hijas los había citado allí. Desempacaron sus guitarras, tocaron y cantaron. En una de las ventanas se encendió la luz, por otra se asomó alguien, protestando. Crisanta se levantó como si la voz iracunda se hubiera dirigido a ella en lugar de a los músicos, que no se dejaron perturbar y siguieron tocando detrás de ella. Crisanta bajó por la larga calle. Se sentó en la escalinata delante de un edificio público. Temblaba de frío. Hacía viento. Masticó arena. Cerró los ojos. Buscó en sus pensamientos, enferma de nostalgia, el lugar en el que la niña alguna vez se había sentido protegida y envuelta en calor como nunca después. Lo que recordaba era que había sido azul. El mundo pasaba de largo, del otro lado, sin atravesarlo. Pero ya ni siquiera podía concentrarse en ese azul. Dentro de ella había un vacío igual al de afuera, no importaba que cerrara los ojos o los mantuviera abiertos. Las estrellas estaban tan solitarias en el firmamento como las personas aisladas delante de ella en la plaza despoblada. Caminó un tramo más. Se volvió a sentar delante de la puerta. Volvieron a echarla. Se hizo de día. Tenía hambre. No tenía fuerzas, ni ganas de hablar. Y para mendigar era necesario hablar. Robó algo en una feria. Así transcurrieron dos o tres días. Empezó a extrañar la luz y el calor. Escuchó música que provenía de una taberna. Un hombre desconocido salió y la tomó del brazo. No era tonto el hombre desconocido.

—¡Pero qué aspecto tienes! Antes de que entres conmigo, pequeña, arréglate un poco. ¡Tienes un campo de maíz entero en tu rebozo! —le dijo. Ella se sacudió, se peinó las trenzas. Así comenzó, así siguió. A veces se sentaba en tabernas baratas, a veces en los cafés de las calles un poco mejores. Una vez se la llevaba un agente viajero a una habitación de hotel, una vez un vendedor ambulante a su tienda. Una vez ayudó a alguien a transportar fruta cruzando el campo sobre unas mulas. Una vez durmió en un camión con un chofer extranjero. Luego era tan evidente que estaba embarazada que buscó un hospedaje fijo. Se topó con una muchacha que había trabajado con ella en la tortillería.

—Puedes quedarte en mi casa. Te anotan en su lista y una vez que estás registrada no te dejan nunca en paz —le dijo la joven—. ¿Crees que las mujeres extranjeras son tan tontas como nosotras? Mira, tengo ocho hermanos. Las extranjeras no esperan hasta que llegue el momento y las puedan multar. Ni siquiera esperan a que el niño esté a la vista y sea registrado. Le ponen un fin, como son tan astutas, antes de que saque su cabeza a la luz. Ni siquiera viene al mundo —Crisanta le estaba agradecida. Le pareció muy avispada. También era una buena persona, y le dio asilo.

—Ves, qué bueno que me encontraste. En un hospital el niño hubiera sido registrado inmediatamente. Ahora, el niño nunca estuvo aquí. Ahora ya pasó todo —le dijo después la muchacha. Crisanta no respondió nada. A veces estaba alegre. A veces se comportaba como una loca; insultaba y lloraba y gritaba. Tal como habían acordado, le llevó a la muchacha el primer dinero que ganó. Pero pronto se hartó de su trabajo nuevo. Siempre bordar en punto de cruz, siempre los mismos pájaros. El último día de trabajo bordó, para enojar a la inspectora, otro pájaro en lugar del que le habían encomendado, rojo en lugar de azul, sobre la tela blanca, según se le ocurrió a ella y no siguiendo el molde. Por cierto, este pájaro halló luego gran aprobación, se recibieron varias docenas de nuevos encargos. Pero Crisanta no se enteró de nada porque se había mudado a la otra punta de la ciudad.

Ahora volvía a tener el mismo aspecto de antes. Como antes, tenía ganas de reír y de conversar. Ahora era más inteligente en el trato con hombres. Fue a la peluquería. Se compró un abrigo en la tienda. También sabía que a los extranjeros, a veces, les gustan las muchachas que se asemejan a la imagen que ellos tienen de las nativas: tímidas, temblando de frío, con un rebozo, con trenzas. Sabía que sus pestañas eran lo más hermoso de su cara y, cuando pedía algo, bajaba la vista. A veces le venía un ataque de odio, entonces se encerraba y se atrincheraba. Después, la desesperación la dejaba en paz. Volvía a extrañar la luz y el calor.

Se encontró con el albañil que había ido con ella a la escuela nocturna. Siempre le había llamado la atención su tenacidad y circunspección. Seguía dando la misma impresión. Llevaba la misma ropa, mucho más gastada. A Crisanta le pareció que la vida seguía siempre un curso, no importaba si uno sabía escribir o no. Al fin y al cabo, ¿de qué le servía a un albañil en este mundo haber aprendido a juntar rápidamente las letras para formar palabras? El viejo albañil la llevó a una reunión con albañiles más jóvenes. Ella se quedó con uno de ellos. Estaban construyendo, en la periferia de la ciudad, un edificio. La compañía constructora enviaba a los albañiles a diversas obras, junto con sus familias. Y, como los gitanos, los albañiles siempre volvían a levantar sus moradas en un nuevo predio y se mudaban cuando se echaban los cimientos en otro lugar. El joven albañil, que todavía no tenía familia, llevó a Crisanta a su choza.

Hacía tiempo que la familia González estaba asombrada de que Crisanta ya no los visitara. La señora Mendoza sabía, a través de su tía Dolores, que Crisanta también había desaparecido de allí, dejando deudas atrás. Una familia de alfareros sabía a través de colegas de una localidad vecina que Miguel se había ido de México, sin Crisanta. Entonces, los González se imaginaron todo lo demás.

La señora Mendoza estaba acongojada. Es cierto que a nadie se le ocurría reprocharle algo precisamente a ella. Pero tenía la sensación de cargar con cierta culpa. Porque había sido ella la que había llevado por primera vez a la muchacha a su trabajo. Estaba claro que ésta no había tenido ninguna suerte en el camino que tomó, aconsejada por la señora Mendoza. No había llegado a ningún puerto. Por eso, la señora Mendoza pensó que le correspondía a ella buscar a la joven.

Ya no se veía con buenos ojos que Crisanta viviera con el albañil. Las esposas de los otros empezaron a protestar. Ya había mucho desorden. Además, se levantó el campamento. Durante el día, daba vueltas por el predio. De lejos observaba a los campesinos que, con mulas o a pie, cargados con frutas y verduras o con otras mercaderías, entraban, bajando de las montañas, al mercado en el Valle de México. Antes de alcanzar el límite de la ciudad, descansaban un poco. Se ponían sus sandalias, que en el camino habían guardado para que no se les arruinaran. Crisanta divisó a una familia de alfareros, las mujeres cargadas con niños pequeños, los hombres con la vajilla. Era una vajilla con un esmalte fuerte, porque brillaba a la luz del sol. Esta escena no despertó en Crisanta ningún recuerdo, ni tampoco tristeza. Sólo tenía una vaga sensación de familiaridad con el oficio de los alfareros.

Pero uno de los alfareros jóvenes, que había bajado un poco más para tomar agua, la reconoció. Y así fue que a la tarde siguiente la señora Mendoza se dirigió presurosa, por una de las hermosas calles limítrofes de la ciudad, entre casas blancas, nuevas, ya rebosantes de flores azuladas, hacia el predio de la obra. Preguntó a las mujeres por Crisanta. Recibió la información con tanta exactitud e ira como había esperado.

Crisanta se asustó al ver a su visitante. Pero la trató

con amabilidad y alegría. Cuando la señora Mendoza la instó a regresar inmediatamente con ella en el autobús a Pachuca, quedó tan estupefacta como feliz. El último año había logrado deshacerse de todo recuerdo de los González, de modo que se podría decir que se había olvidado de esa familia. Pero había hecho un gran esfuerzo para no recordarlos, para no tener que ir a pedirles asilo y a rendir cuentas. Cuando ahora le ordenaban en voz alta hacer algo en lo que ni siquiera había osado pensar, no echó mano de ningún pretexto, sino que hizo lo que estaba acostumbrada a hacer. Obedeció a la persona que era más fuerte que ella misma. Porque ella, Crisanta, era débil, pequeña e ignorante.

La señora González no hizo mucho aspaviento ante su aparición. Los hombres estaban en la mina. Crisanta durmió en su viejo lugar en la colchoneta junto a la hija mayor. Tenía menos espacio que antes, porque la hija mayor estaba embarazada. Entre tanto, ya había parido una vez. La criatura dormía en una caja acolchada, que colgaba del techo atada de unas cuerdas. Era la única modificación en la habitación y en la familia. Crisanta se dio cuenta enseguida de que ese lugar era demasiado estrecho para que ella pudiera quedarse.

—Ay, pobre pequeña —dijo la señora González—, ¿qué harás ahora? Y además has vuelto a caer —Crisanta todavía ni había pensado en ello. La madre postiza notó enseguida que estaba esperando otro hijo. De modo que fue una suerte para todos que la señora Mendoza ya supiera qué hacer. La hermana de la cuñada de su marido estaba casada con un hombre que había tenido suerte en la ciudad de México. Habían arrendado un puesto en el límite de la ciudad, para vender limonada en una parada de autobús. Buscaban a alguien que se turnara para atender el puesto con la mujer.

Para este trabajo Crisanta no necesitaba saber más que exprimir naranjas y limpiar vasos. Antes de regresar, la tarde siguiente, Crisanta acompañó un tramo por el patio al viejo González, que mientras tanto había dormido en la casa. Un pavo hacía alarde, solitario, de su atavío rojo incandescente. González padre dijo que estaba reservado para la boda de la segunda hija.

—Para entonces te esperamos —añadió, y también agregó—: Traerás a tu hijo, quiero verlo —La miró por un instante con firmeza. Crisanta sintió que esa mirada la tocaba en lo más profundo de su ser, una mirada que le recordaba a Miguel. Porque sus ojos eran igual de implacables, de igual color verde dorado.

Ahora ya no tenía miedo de pensar en cosas pasadas. Volvió a pensar en Miguel. Sentía arrepentimiento por no haber viajado antes a Pachuca. Porque entonces, tal vez, hubiera podido exprimir naranjas ya antes en ese puesto. El niño que ahora esperaba tal vez hubiera sido el hijo de Miguel. Ahora no sabía quién era su padre.

Una vez se quedó parada delante del cine, para mirar las fotos. Reconoció a las personas que había visto en la película con Miguel. Pensó que su hijo, también sin padres, podría convertirse en alguien inteligente como el hijo en la película. Podría aprender a leer y a escribir. Podría estudiar. Incluso podría llegar a ser doctor. Podría ser, lisa y llanamente, todo, si pudiera venir al mundo tal como lo deseaba González padre.

Su nuevo puesto de trabajo no era ni bueno ni malo. Las personas que la empleaban no se comportaban ni grosera ni amablemente. Eran un poco secos, un poco puntillosos. Gracias a este modo de ser, ahorraron algo y reservaron dinero para el arrendamiento. Era a medias un favor, a medias una orden que Crisanta, cuando la mujer estaba vendiendo en el puesto, vendiera ella misma manzanas y limones cerca de la parada, en su campo de visión. También siguió haciéndolo cuando nació su hijo. Por el monto de su escueta ganancia, seleccionaba cuidadosamente con el mayorista algunas docenas de pequeñas pero relucientes manzanas amarillas, limones, tomates, ajo y a veces hierbas. Ordenaba todo en el suelo, junto a las vías, en un papel periódico, formando pirámides regulares y atractivas. Se sentaba en el piso delante de éstas, con el niño en el rebozo.

Una vez vino una ráfaga de viento que llenó de polvo la calle y a las personas. Crisanta ocultó rápidamente su cabeza debajo del pañuelo, donde estaba el niño. Las personas pasaban presurosas por el polvo, sin que se las pudiera divisar con claridad. De golpe se volvió a acordar del lugar en el que había estado de niña. Ese azul incomparable, incomprensible, profundo y oscuro. Era el rebozo, la mantilla de la señora González, y la corriente detrás, su pueblo.

Traducción de Martina Fernández Polcuch

BIBLIOGRAFÍA RECOMENDADA

Aub, Max, *No son cuentos,* Fondo de Cultura Económica, México, 1944. (Tezontle.)

Baumann, Michael L., *B. Traven: Una introducción,* Fondo de Cultura Económica, México, 1978. (Breviarios.)

Bowker, Gordon, *Perseguido por los demonios. Vida de Malcolm Lowry,* Fondo de Cultura Económica, México, 2008. (Lengua y Estudios Literarios.)

Bradu, Fabiennne, *Artaud, todavía,* Fondo de Cultura Económica, México, 2010. (Vida y Pensamiento de México.)

Crane, Stephen, *Cuentos mexicanos,* Fondo de Cultura Económica, México, 2003. (Fondo 2000.)

Gunn, Drewey Wayne, *Escritores norteamericanos y británicos en México, 1556-1973,* Fondo de Cultura Económica, México, 1977. (Lengua y Estudios Literarios.)

Toledo, Alejandro, *El hilo del minotauro. Cuentistas mexicanos inclasificables,* Fondo de Cultura Económica, México, 1992. (Biblioteca Universitaria de Bolsillo.)

Traven, Bruno, *El visitante nocturno. Historias del campo mexicano,* Fondo de Cultura Económica, México, 1994. (A la Orilla del Viento.)

CRÉDITOS

Por todas las traducciones al español
con la excepción de "Crisanta" de Anna Seghers (traducción de María Fernández Polcuch):
D. R. © 2010, Fondo de Cultura Económica
Carretera Picacho-Ajusco 227; 14738, México, D. F.

Sol jaguar, compilación de Alberto Manguel,
se terminó de imprimir y encuadernar en septiembre de 2010
en Impresora y Encuadernadora Progreso, S. A. de C. V. (IEPSA),
Calzada San Lorenzo, 244; 09830 México, D. F.
La edición consta de 3 000 ejemplares.